Facebook Marketing

Praxisleitfaden für die
Unternehmenskommunikation
mit über 150 Nachrichtenideen

Mag. Regina Hattenberger-Leutgeb ist Fachwirtin für Marketing, studierte Sozialwirtin und ausgebildeter Coach nach dem Kieler Beratungsmodell. Sie leitet seit über zehn Jahren ihre Beratungsagentur "leucon - Mag. Regina Leutgeb Consulting", die sich auf gewinnbringende Kommunikation nach innen und außen spezialisiert hat.

Weitere Informationen finden sich auf www.regina-leutgeb.at.

Regina Hattenberger-Leutgeb

Facebook Marketing

Praxisleitfaden für die
Unternehmenskommunikation
mit über 150 Nachrichtenideen

Mit vielen Tipps für Kundengewinnung
und Kundenbindung

In diesem Buch wird im Interesse der Lesbarkeit überwiegend die männliche Form verwendet. Gemeint sind aber in jedem Fall die Vertreter beiderlei Geschlechts.

Copyright © 2016 Mag. Regina Hattenberger-Leutgeb

Für Anregungen und Feedback: info@regina-leutgeb.at

Foto auf der Titelseite: © yukipon00 / Fotolia

ISBN-13: 978-1535254700
ISBN-10: 153525470X

Inhalt

10

HALLO & HERZLICH WILLKOMMEN!

Facebook ist ein soziales Online-Netzwerk, das am 4. Februar 2004 veröffentlicht wurde und seither mehr als eine Milliarde Menschen als Mitglieder angezogen hat. Die Plattform selbst gehört mittlerweile zu den am häufigsten besuchten Websites der Welt.

Die ungeheure Besucherfrequenz dieses Netzwerks hilft Firmen, einfach und kostengünstig mit ihrer Zielgruppe ins Gespräch zu kommen und mit Kunden in Kontakt zu bleiben. Schon allein deshalb, weil dies auch der Wunsch von Facebook ist, wie sein Motto verrät: „Facebook ermöglicht es dir, mit den Menschen in deinem Leben in Verbindung zu treten und Inhalte mit diesen zu teilen."

Haben Sie sich zu Beginn dieser Einleitung gefragt, warum diese mit einem einfachen „Hallo" eingeleitet wird? Darin findet sich schon der erste Hinweis, dass auf Facebook anders als in der klassischen Marketing-Welt kommuniziert wird. Sobald Sie sich innerhalb der Grenzen von Facebook bewegen, werden Sie feststellen, dass in diesem sozialen Netzwerk andere Kommunikationsregeln gelten als Sie wahrscheinlich bisher praktiziert haben. Sie müssen sich also darauf einstellen, dass, wenn Sie auf Facebook aktiv werden, Sie anders mit Ihrer Community kommunizieren müssen. Und zwar weg von der häufig praktizierten „Einweg-Kommunikation", und hin zu wirklichen Dialogen. Und diese sollten für beide Seiten zufriedenstellend sein, also für Sie als auch für Ihre Fan-Gemeinde.

Daneben diktiert Ihnen auch Facebook neue Regeln. Dieses soziale Netzwerk bietet Ihnen eine wunderbare Plattform mit unglaublichem Potenzial, wenn es Ihnen gelingt, sie in der

Form zu nutzen, wie es Facebook gefällt. Hierbei hilft Ihnen dieser Praxisleitfaden. Sie finden darin Weisheiten aus jahrelanger Erfahrung, kombiniert mit erprobten Erfolgsbausteinen der aktuellen Facebook-Kommunikation. Und das ist wichtig, weil sich nicht nur die Leute und deren Kommunikationsformen auf Facebook weiterentwickeln, sondern auch die Plattform selbst.

Dieses Buch gliedert sich in zwei Teile. Im ersten Abschnitt finden Sie wichtige Inputs die Ihnen helfen, sich in die Welt von Facebook einzufinden. Sie werden erfahren, was das Netzwerk auszeichnet, welchen Regeln es folgt und was Firmen unternehmen sollten, um in Sachen Kommunikation das Maximum herauszuholen.

Der zweite Abschnitt präsentiert über 150 Nachrichtenideen. Die tägliche Beratungs- und Workshop-Praxis zeigt, dass viele Firmen nach geraumer Zeit ihre Facebook-Seiten einstellen oder nicht mehr regelmäßig mit Nachrichten beschicken. Oft sind Unternehmensvertreter der Meinung, keine „richtigen Themen" zu besitzen, weil niemand darauf reagiert. Nicht selten fehlt die Idee, was man noch auf Facebook kommunizieren könnte. Die in diesem Buch aufgezeigten Vorschläge helfen Ihnen, in den nächsten Monaten mindestens eine Botschaft pro Woche zu versenden. Besser wäre es jedoch, wenn Sie nicht nur einmal pro Woche eine Botschaft auf den Weg bringen, sondern häufiger, im Idealfall täglich. Wenn Sie diesen Weg gehen wollen, finden Sie in diesem Buch genug Anregungen dafür, Sie werden sehen.

Falls Sie sich wundern, warum hier das Inhaltsverzeichnis dermaßen lange ausfällt, möchte ich Ihnen den Hintergedanken dazu verraten. Sollten Sie auf der Suche nach einer passenden Nachrichtenidee sein, könnten Sie die Übersicht als Checkliste verwenden. Wenn Sie diese kopieren, und dann jene Punkte farblich markieren, die für Ihr Unternehmen passen, haben Sie immer gleich mehrere Meldungsthemen parat - und zwar auf einem Blick. So können Sie viel Zeit sparen und dennoch sicher sein, dass Sie auf einen Inhalt setzen, der in der Facebook-Community schon oft mit einem positiven Echo honoriert wurde.

Zuletzt noch ein Tipp: Haben Sie keine Angst vor Facebook

und der völlig neuen Art, darauf zu kommunizieren. Wachsen Sie in diese Welt hinein und verinnerlichen Sie das Ziel: Kommunikation von Mensch zu Mensch. Wenn Sie dies beherzigen, werden Sie auf Facebook recht schnell den ersten Erfolg sehen.

Alles Gute für Ihre Zukunft und viel Erfolg mit Ihren Facebook-Aktivitäten wünscht Ihnen

Regina Hattenberger-Leutgeb

FACEBOOK FÜR DIE UNTERNEHMENS-KOMMUNIKATION

„Einst lebten wir auf dem Land,
dann in Städten und von jetzt an im Netz."
Mark Zuckerberg

FACEBOOK – DAS TOR ZUR WELT

Viele Unternehmer starten enthusiastisch ihre Facebook-Aktivitäten, indem sie eine Unternehmensseite anlegen und ihre Bemühungen mit einer mehr oder weniger durchdachten Kommunikationsstrategie starten. Oftmals werden keine Überlegungen angestellt, was denn den Erfolg dieser Plattform ausmachen könnte. Viele fühlen sich angezogen von der gewaltigen Frequenz auf diesem Netzwerk, zu dem mittlerweile mehr als einer Milliarde Mitglieder zählen.

Viele glauben es reicht, präsent zu sein und dass die Menschenmasse schon irgendwie auf die Unternehmensseite stoßen wird. Es stimmt schon, man wird auf Facebook tatsächlich gefunden. Aber dies gilt vor allem für Betriebe, die die Regeln der Kommunikation auf Facebook verinnerlicht haben und verstehen, dass hier die „Sprache" eine andere ist.

Facebook ist anders, und auch die Kommunikation ist eine andere. Was auf Websites funktioniert, kann auf Facebook völlig uninteressant sein und mit Desinteresse abgestraft werden. Es gilt, sich mit der Welt dieses Netzwerkes vertraut zu machen und zentrale Hausaufgaben zu erledigen. Welche das sind, erfahren Sie in diesem Buch. Zuvor wollen wir jedoch besprechen, warum sich der Aufwand lohnt, Zeit (und damit letztendlich auch Geld) in diese soziale Plattform zu investieren.

Bedenken Sie, dass es durchaus legitim ist, sich gegen eine Facebook-Unternehmensseite zu entscheiden. Wenn alle wichtigen Details durchdacht sind und dann das Ergebnis „Nein" lautet, ist das in Ordnung. Aber die Hintergründe sollte man schon kennen – Sie finden sie auf den folgenden Seiten.

GRATIS, ABER NICHT BILLIG

Es ist verlockend, eine Facebook-Unternehmensseite anzulegen, ist doch der Zugang wie auch die Nutzung des Mediums kostenfrei. Außerdem ist eine Fangemeinde zu erwarten, in der der Eine oder Andere sicherlich an Ihrem Produkt interessiert sein muss. Das müsste doch realistisch sein, in einem sozialen Netzwerk, das weltweit die meisten Menschen verbindet und immer neue anzieht.

Sie haben Recht, Facebook bietet Ihnen wunderbare Möglichkeiten für Ihre Unternehmenskommunikation. Es entstehen Ihnen grundsätzlich keine Kosten und Sie können ein riesengroßes Publikum erreichen. Was viele übersehen ist, dass auch Zeit Geld ist, wie ein weithin bekanntes Sprichwort sagt. Zeit, die Sie in die Einrichtung und „Bespielung" Ihrer Unternehmensseite investieren. Somit fallen sehr wohl Kosten an, etwa jene, die den zeitlichen Ressourcen zuzurechnen sind.

Wenn Sie professionell auf Facebook auftreten wollen, sollten Sie eine entsprechende Strategie dafür entwickeln und diese auch gekonnt umsetzen. Facebook ist zwar nicht das Portal der „Hochglanzbilder", und oft sind gute selbstgemachte Fotos viel mehr wert als etwa zugekaufte, dennoch ist Qualität und Professionalität in der Umsetzung gefragt und letztendlich auch erfolgsentscheidend.

Behalten Sie immer im Hinterkopf, dass Ihr Unternehmensauftritt auf Facebook auch ein Gradmesser für die von Ihnen geleistete Produktqualität ist. Vor allem bei Dienstleistern ist dieses Bewusstsein wichtig. Wer professionell auftritt, erbringt meistens auch professionelle Leistung – eine Weisheit, die vor allem für Firmen, die kein (an)greifbares Produkt anbieten, eine wichtige Maxime ist. Wer „mittelmäßig" auf Facebook unterwegs ist, könnte möglicherweise auch mittelmäßige Leistungen erbringen. Bei jeder Firma kann dieser Eindruck vernichtend sein und dazu führen, dass Preisverhandlungen und stetig wiederkehrende Preisdiskussionen zum Standardprogramm mutieren.

Wer dagegen professionell auf Facebook auftritt, signalisiert und unterstreicht damit fortlaufend seine Kompetenz. Und genau das ist der Weg, um die richtigen Kunden anzuziehen. Jene, die bereit sind, den von Ihnen angesetzten Preis zu zahlen. Ohne wenn und aber.

Um dies zu erreichen ist es unabdingbar, jene zentralen Bausteine zu kennen, die Ihren Erfolg auf Facebook fördern. Dann sind Sie bald auf einem guten Weg und die Plattform wird Ihnen helfen, Ihre Ziele zu erreichen.

HILFE BEI DER BEKANNTHEITSSTEIGERUNG

Facebook hilft Betreibern von Firmenseiten, ihre Sichtbarkeit, und damit auch ihre Bekanntheit zu steigern. Das bedeutet für Sie, dass Sie leichter von Menschen gefunden werden, die sich für Ihr Produkt oder Ihre Dienstleistung interessieren.

Der Zugewinn der Reichweite konzentriert sich jedoch nicht nur auf die weiten Grenzen der Facebook-Welt, sondern reicht viel weiter. Er unterstützt Sie dabei, auch im Kosmos des Internets besser gefunden zu werden. Sie können eine organische, also eine nicht bezahlte Reichweitensteigerung, auf mehreren Ebenen in Gang setzen und forcieren. Was Sie dazu wissen und tun müssen, erfahren Sie in diesem Abschnitt. Starten wir mit den Aspekten, die Ihre Sichtbarkeit auf Facebook steigern.

⇨ *Freunde einladen*

Über die Funktion „Freunde einladen" gelingt es auf einfache Art und Weise, persönliche Freunde auf eine Unternehmenssseite aufmerksam zu machen und zu bitten, die Seite zu „liken" und sich so als Fan zu outen.

Für Firmen ergibt sich daraus der Vorteil, dass deren Facebook-Repräsentanz einfach und ohne viel Werbeaufwand einem größeren Publikum vorgestellt werden kann. Nicht selten bildet diese Einladung die Basis für die ersten Fans.

Facebook selbst motiviert Sie schon im Zuge des Seitenerstellungsprozesses, dass Sie Ihre Freunde einladen, Ihre Unternehmensseite mit einem „Gefällt mir" zu markieren. Zu diesem Zeitpunkt ist Ihre Seite jedoch noch meilenweit von einem professionellen Unternehmensauftritt entfernt. Vielmehr präsentiert sie sich auf einem halbfertigen Niveau und sollte in diesem Zustand auf keinem Fall einem potenziellen Kunden-kreis vorgestellt werden. Mein Tipp lautet daher: Folgen Sie der Aufforderung zu diesem Zeitpunkt noch nicht. Warten Sie damit, bis Sie Ihre Seite fertiggestellt haben (im Kapitel über die zentralen Erfolgsbausteine erfahren Sie mehr dazu).

Sie haben auch zu einem späteren Zeitpunkt noch die Möglich-keit, ihre Freunde über Ihre neue Seite zu informieren, müssen dazu allerdings als Privatperson eingeloggt sein (im blauen Balken ganz oben muss neben dem Suchfeld Ihr privates Profil aufscheinen). Sie können sodann in der linken Spalte auf den Satz „Freunde einladen, um die Seite mit „Gefällt mir" zu markieren" klicken, um die entsprechende Einladungsmaske zu öffnen. Diese erreichen Sie auch, wenn Sie im großen Titelbild unten rechts auf die drei Punkte klicken, und dann den Link „Freunde einladen" betätigen.

Egal welchen Weg Sie wählen, es öffnet sich anschließend Ihre Freundesliste, aus der Sie passende Personen auswählen können. In diesem Zusammenhang ist es ratsam zu wissen, dass Sie bei der Einladung von Personen Prioritäten setzen sollten. Laden Sie nur solche Menschen zum Liken Ihrer Seite ein, die sich auch tatsächlich dafür interessieren könnten. Achten Sie darauf, Ihren Freundeskreis nicht mit mehrmaligen Anfragen zu überhäufen, denn das wird in den seltensten Fällen mit Wohlwollen aufgenommen.

Auch von Seiten der Plattform gilt es Wichtiges zu beachten: Falls Sie zu viele Freunde auf einmal einladen, und Sie damit ein von Facebook bestimmtes, aber nicht näher kommunizier-tes Limit überschreiten, kann es sein, dass die Einladungsfunk-tion eine gewisse Zeit lang deaktiviert ist. Da auf der Plattform nicht erläutert wird, wie viele Leute Sie auf einen Schlag auf die neue Seite hinweisen dürfen, gibt es dazu die unterschiedlichs-ten Annahmen. In Foren wird von 50, 100, 150 oder mehr Personen berichtet, deren Überschreitung eine Sperrung auslöste. Gehen Sie sicherheitshalber in 49er-Schritten vor und achten Sie darauf, dass niemals mehr als 49 Einladungen offen sind, denn dies scheint der Faktor zu sein, den Facebook bewertet.

Möglicherweise hängt diese Zahl mit dem auch in Österreich geltenden Telekommunikationsgesetz 2003 zusammen, nach dem maximal 50 Personen eine „unerbetene Nachricht" („Spam") erhalten dürfen. Nach Paragraf 107 ist die Zusendung elektrischer Post ohne vorheriger Einwilligung des Empfängers unzulässig, wenn die Zusendung zu Zwecken der Direktwerbung erfolgt oder an mehr als 50 Adressaten gerichtet ist. Zielt eine Nachricht darauf ab, sich zum Beispiel eine Website anzusehen oder sich in einen Newsletter einzutragen, erfüllt dies den Tatbestand der Direktwerbung. Die Gefahr eines Gesetzesverstoßes steht ein weiteres Mal im Raum, wenn mehr als 50 Personen kontaktiert werden.

Wenn Sie darauf achten, dass maximal 49 „Gefällt mir"-Einladungen offen sind, sollte es gelingen, keine Sperre auszulösen oder die Funktion nach einiger Zeit wieder in Gang zu bringen. Einige meiner Workshop-Teilnehmer berichteten von einer bis zu dreiwöchigen Sperre, danach war die Einladungsfunktion wieder wie gewohnt nutzbar.

Bitte beachten Sie zuletzt auch noch, dass der Versand von Einladungen zum Liken einer Seite generell ein heikles Thema ist, auch im Freundeskreis. So manch einer fühlt sich „verpflichtet", eine Seite zu liken, und zwar auch dann, wenn ihn das Thema oder das Angebot gar nicht interessiert. In der Folge wird diese Person Ihre Nachrichten möglicherweise gar nicht lesen, geschweige denn an Diskussionen teilnehmen. Und dies kann sich für Sie zu einem Nachteil verwandeln. Denn je mehr Personen nur stille Zuseher sind, desto mehr sinkt Ihre Beitragsreichweite. Wie Sie später noch erfahren, belohnt Facebook Unternehmensseiten, auf denen aktives Leben, im Sinne von vielen „Gefällt mir"-Klicks, Kommentaren und Teilungen herrscht. Bei solchen Seiten werden Unternehmensnachrichten häufiger an mehr Personen, und dann auch noch an einer besseren Position, nämlich weiter oben, ausgestrahlt.

Ich möchte Ihnen hier dennoch eine Möglichkeit anbieten, wie Sie auf sympathische Art und Weise Ihre Freunde über Ihre Seite informieren können. Berichten Sie über Ihr privates Profil von Ihrem Vorhaben, eine Unternehmensseite einzurichten und teilen Sie Ihren Freunden mit, wenn sie fertiggestellt ist. Fügen Sie in Ihre Meldung auch den Link zur Firmenseite ein und berichten Sie davon, welche Informationen die Fans der Seite erwarten dürfen. Sie werden sehen, einige Ihrer Freunde werden Ihrer Bitte nachkommen und Ihnen auch auf Ihrer

Unternehmensseite folgen.

Wenn Sie auf Ihrer Facebook-Seite interessanten Mehrwert bieten, wird Ihre Community über kurz oder lang aus Leuten bestehen, die sich ernsthaft für Ihr Unternehmen und Ihre Leistungen interessieren. Und das ist wichtig, weil – wie oben schon besprochen - dies die Interaktion zwischen Ihnen und Ihrer Fan-Gemeinde fördert.

⇨ *Thematisch passende Seiten*

Klickt jemand auf den „Gefällt mir"-Button einer Seite, wird unterhalb des Titelbildes eine Leiste eingeblendet, auf der ähnliche Seiten nebeneinander vorgestellt werden („Weitere Seiten, die dir vielleicht gefallen").

Für Unternehmen bedeutet das, dass ihr Fan-Kreis automatisch an Größe gewinnen kann, wenn die Seite anderen, an diesem Thema interessierten Nutzern vorgestellt wird. Da in der Vorschlagsleiste lediglich das kleine Profilbild, der Name der Seite und der „Gefällt mir"-Button eingeblendet wird, wird klar, dass diese beiden „Sprachrohre" so einladend und aussagekräftig wie möglich gestaltet sein sollten. Gelingt es hier, „Überzeugungsarbeit" an vorderster Front zu leisten, kann dies zu einem deutlich merkbaren Anstieg an neuen Fans führen.

Sollte die Einblendung in der Vorschlagsleiste nicht erwünscht sein, besteht die Möglichkeit, die Funktion in den Einstellungen unter „Vorschläge für ähnliche Seiten" zu unterbinden. Nimmt man neben dem Feld „[Seitenname] ebenfalls empfehlen, wenn Nutzern auf einer Seitenchronik Seiten vorgeschlagen werden, die ihnen vielleicht gefallen" die Markierung heraus, und quittiert dies mit „Änderungen speichern", wird die Vorstellung ähnlicher Seiten beendet. Bitte beachten Sie, dass eine Deaktivierung der Funktion dazu führt, dass auch die eigene Seite nicht mehr vorgeschlagen wird. Damit versiegt unter Umständen eine wertvolle Quelle für neue Fans.

⇨ *Fremde Nachrichten*

Auch abseits Ihrer Firmenseite können Sie Ihre Sichtbarkeit auf Facebook steigern. Eine einfache Möglichkeit ist, dass Sie bei Nachrichten anderer Leute Ihren „virtuellen Stempel", im Sinne eines passenden Kommentars, hinterlassen. So können Sie sich mit Ihrer Unternehmensseite auf professionelle Weise ins rechte Licht rücken und Aufmerksamkeit erregen. Und zwar auf einem Weg, der keinesfalls aufdringlich ist. Im Gegenteil, denn die Facebook-Plattform ist ja sogar darauf ausgerichtet, dass miteinander kommuniziert wird, und zwar bei jeder Nachricht. Denn unter jeder Botschaft werden automatisiert die drei Interaktionsmöglichkeiten „Gefällt mir", „Kommentieren" und „Teilen" angeboten, die geradezu einladen, sich miteinander auszutauschen. Welche Möglichkeiten der Sichtbarkeit sich dabei für Sie beziehungsweise Ihre Firma ergeben, erfahren Sie auf den nächsten Seiten.

„Gefällt mir" anklicken

Wenn Sie im Namen des Unternehmens auf „Gefällt mir" klicken, drücken Sie damit Ihre Zustimmung aus. In der Folge erkennt der Seiteninhaber beziehungsweise der Administrator, ob jemandem, und wem, seine Nachricht gefällt. Aber nicht nur er gewinnt Einblick in die Gruppe der zustimmenden Anhänger, sondern auch jeder Andere, der dies erfahren möchte.

Haben nur wenige Nutzer auf eine Meldung mit „Gefällt mir" reagiert, wird der volle Name eingeblendet und man erkennt sofort, wer seine Zustimmung ausgedrückt hat. Je mehr Personen hier ihren „Daumen hochhalten", desto höher ist die Wahrscheinlichkeit, dass die Personen in einer Liste verborgen werden. Möchte man dennoch erfahren, wer bei dieser Nach-richt auf „Gefällt mir" geklickt hat, muss die Maus über den Link mit der Auflistung der Personen führen. Anschließend wird eine Übersicht mit den klickenden Personen eingeblendet.

Diese Form der Interaktion, die für die Sichtbarkeit Ihrer Firma durchaus interessant sein kann, bedeutet für Sie relativ wenig Aufwand. Laufen Sie daher nicht Gefahr, sich auch bei Beiträ-gen einzubringen, die nur im weitesten Sinne für Sie als Firma relevant sind und nicht wirklich zu den Themenbereichen zählen, die Sie interessieren. Zu leicht könnte die Vermutung entstehen, dass Sie nur aus Werbezwecken Ihre Zustimmung ausdrücken – und genau das sollte vermieden werden.

Kommentar abgeben

Die zweite Möglichkeit, bei fremden Nachrichten sichtbar zu werden, liegt in der Abgabe eines Kommentars. Facebook motiviert jeden User, sich mit eigenen Worten einzubringen und seine Meinung abzugeben: Es blendet unter jeder Nachricht ein Textfeld ein, in dem man schnell und einfach eine Anmerkung hinterlassen kann.

Unternehmen können das Kommentarfeld nutzen, um auf anderen (Firmen-)Seiten mit thematisch passenden Statements in Erscheinung zu treten und sich mit Anderen auszutauschen.

Alle Rückmeldungen werden stets für alle User zugänglich gemacht und einige davon sofort sichtbar aufgelistet. Aktuell gilt dies für die Kommentare von zwei Akteuren, liegen weitere Anmerkungen vor, werden diese über einen Link „versteckt" („x weitere Kommentare anzeigen"). Es gibt durchaus Leute, die sich für die Stellungnahmen aller Kommentatoren interessieren und diese auch vollständig durchlesen. Auf diesem Weg ist es möglich, dass jemand auf Ihren Firmenbeitrag stößt und damit das Interesse geweckt wird, mehr von Ihnen erfahren zu wollen. Mit dem Klick auf den Namen des Kommentators wird man direkt zu dessen Profil oder Seite weitergeleitet. Neue Fans sind über diesen Weg also gerade einmal einen Klick entfernt.

Vielleicht ist Ihnen schon einmal aufgefallen, dass sich in einem Kommentarfeld lediglich ein Name befindet, der in blauer Schriftfarbe und unterstrichen dargestellt wird. Diese Form der Markierung weist auf eine Verlinkung zu einem privaten Profil oder auf eine Facebook-Seite hin. Sie entsteht, wenn man den Namen, für den ein Profil oder eine Seite existiert, in das Kommentarfeld einträgt, gegebenenfalls aus einer Liste auswählt und den richtigen Adressaten auswählt und bestätigt. Anschließend wandert die Botschaft in die entsprechende Chronik und kann so leichter wahrgenommen werden. Da diese Vorgehensweise nicht selten für Verwirrung sorgt, werfen wir einen Blick darauf:

Diese Form des Nachrichtenverweises ist vor allem bei jüngeren Menschen sehr beliebt. Sie ermöglicht es, jemanden rasch – etwa über das Smartphone – auf eine Meldung hinzuweisen und darüber zu informieren.

Seltener scheint eine böse Absicht dahinter zu stehen. Manch einer vermutet, dass sich jemand Aufmerksamkeit verschaffen möchte und aus diesem Grund einen Kommentar abgibt. Natürlich kann es vorkommen, dass dies beabsichtigt ist, doch ein kluger Schachzug erscheint mir dies nicht zu sein. Viel weiser wäre es, sich mit einem passenden Beitrag zu präsentieren, und damit in positiver Erinnerung zu bleiben.

Nachricht teilen

Kommen wir nun zur dritten Möglichkeit, wie Sie als Firma bei fremden Nachrichten sichtbar werden können, sie bezieht sich auf das Teilen einer Meldung.

Wird eine Nachricht geteilt, wird die Botschaft samt Anhang (etwa ein Bild oder ein Link zu einem Video) in eine fremde Chronik transferiert. Es kann sich dabei um die Chronik einer Seite oder eines privaten Profils handeln. Die „importierte" Meldung kann anschließend mit einem persönlichen Statement erweitert werden (so sollten Sie übrigens auch bei Beiträgen vorgehen, die Sie selber teilen), und als solche im eigenen Namen weitergetragen werden. Der Hinweis, von welcher Quelle die Kernbotschaft stammt, bleibt damit erhalten, und der Erzeuger der ursprünglichen Meldung sichtbar. Dieser Mechanismus schafft für Firmen das unglaubliche Potenzial, bei großen Personengruppen in Erscheinung zu treten. Und zwar nicht nur bei den eigenen Fans, sondern auch bei dessen Freunden.

Teilt eine Person eine Unternehmensnachricht und „holt" er sie so in sein privates Profil, gelingt es der Firma, bei dessen Freunden sichtbar zu werden. Unter Umständen entscheidet sich nun auch ein Freund des teilenden Fans, Ihre Seite zu liken. Die Wahrscheinlichkeit dazu ist gar nicht so gering. Warum? Weil sich häufig Menschen miteinander vernetzen, die gleiche Interessen und Vorlieben pflegen. Das bedeutet, dass man sich zu gleichen Firmen oder Marken hingezogen füllt, gleiche Produkte nutzt und nicht selten auch die gleichen Facebook-Seiten liked.

Firmen sollten bei der Formulierung von Nachrichten ein Auge darauf werfen, ob sich eine vorbereitete Meldung zum Teilen eignet. Dazu könnte man sich vor dem Versand fragen, ob man denn die Botschaft selber teilen, oder besser noch, weiterempfehlen würde – und zwar als unbeteiligte Person, die nicht in diesem engen Unternehmenskontext wie Sie steht. Falls die Antwort „Nein" lautet, gilt es, sich eventuell noch einmal damit auseinander zu setzen und zu überlegen, wie die Botschaft optimiert werden könnte. Sie fragen sich, warum man diesen Aufwand betreiben sollte? Nun hier ist die Antwort:

Es gibt bereits mehrere Studien die versucht haben festzustellen, wie viele Freunde ein „durchschnittliches" Privatprofil vernetzt. Die Ergebnisse divergieren stark und reichen von 120 bis 342 Personen. Wird demnach in einem privaten Profil eine (Firmen-)Botschaft geteilt, besteht die Chance, zwischen 120 und 342 Leute zu erreichen. Bei einer Person mag das Ergebnis vielleicht nicht sonderlich attraktiv klingen, aber bedenken Sie, wie es wäre, wenn 100 Leute Ihren Beitrag teilen und wir von einer sehr realistischen durchschnittlichen Freundes-Anzahl von 100 Personen pro Privatprofil ausgehen? Dann sprechen wir bereits von 10.000 zusätzlichen Menschen, die Ihren Beitrag sehen könnten - und Sie nichts dafür bezahlen müssten.

Nutzen Sie als Firma die Möglichkeit, bei den Freunden Ihrer Fans sichtbar zu werden und stellen Sie Beiträge bereit, die es Wert sind, geteilt zu werden!

Sie sehen, dass es sich lohnen kann, einen besonderen Fokus auf Nachrichten zu legen, die Teilungen auslösen. So gelingt es, ohne auch nur einen einzigen Cent dafür investieren zu müssen, neue potenzielle Fans zu erreichen. „Lediglich" mit einer Botschaft, die offensichtlich genau ins Schwarze trifft und den User damit veranlasst, eine Meldung zu teilen. Dem ursprünglichen Absender gelingt damit eine Meisterleistung die ihn motivieren sollte, in Zukunft noch mehr solcher Beiträge zu erstellen.

Doch wie sollen Sie dazu vorgehen?

Am Besten analysieren Sie Ihre eigenen Meldungen, die bis jetzt geteilt wurden. Finden Sie den Kern der Botschaften heraus (worum geht es in dieser Meldung, was genau haben Sie kommuniziert?) und multiplizieren Sie die Inhalte. Wiederholen Sie, was bereits gelungen ist und wofür Sie schon Zuspruch erhalten haben. Je besser Sie Ihre Meldungen analysieren, die Ihre Fans veranlassen, diese zu teilen, desto leichter gelingt es Ihnen in Zukunft, noch mehr solcher Höchstleistungen zu vollbringen. Falls Ihre Seite noch keine Teilungen erzielen konnte (weil es sie vielleicht noch gar nicht gibt) und/oder Sie nach Tipps dazu suchen, werden Sie weiter unten fündig. Bitte haben Sie noch etwas Geduld.

⇨ *Modus „Die neuesten Meldungen"*

Klickt jemand auf den Like-Button einer Seite, wird diese Aktion in bestimmten Fällen an die Freunde des neuen Fans weitergeleitet. Dies passiert etwa dann, wenn ein User den Modus „Neueste Meldungen einblenden" verwendet. Als Folge wird im Nachrichtenstrom die Vorauswahl, die Facebook in privaten Profilen vornimmt, aufgelockert, und es gelangen mehr Meldungen aus dem Netzwerk in den eigenen Newsbereich.

Das bedeutet für Sie als Betreiber einer Firmenseite, dass Sie mit etwas Glück auch in den Empfangsbereich der Freunde Ihrer Fans gelangen. Da sich häufig Menschen mit gleicher Gesinnung verbinden, fördert dies die Möglichkeit, mit Leuten in Verbindung zu kommen, die ebenfalls an Ihren Produkten oder Leistungen interessiert sind. Das wäre natürlich wunderbar, weil sich über diesen Weg Ihr Fan-Kreis erhöhen kann und Sie automatisch, und ohne viel Aufwand, an potenzielle Kunden weitergeleitet werden.

Übrigens: Den Modus „Neueste Meldungen einblenden" richtet man im privaten Profil entweder auf der Startseite ein (in der linken Spalte neben den Nachrichten bei den Favoriten unter „Neuigkeiten"), oder man folgt dem dafür bereitgestellten Link https://www.facebook.com/?sk=h_chr. Danach werden Meldungen von Freunden, Seiten und Gruppen zeitlich sortiert aufgelistet, und nicht von Facebook gereiht. Außerdem dringen mehr Zusatzinformationen durch, etwa welche Beiträge eine Person kommentiert oder mit „Gefällt mir" markiert hat. Diese Form der Neuigkeiten-Darstellung währt jedoch nur kurz, sie wechselt nach geraumer Zeit wieder zurück zur Standardeinstellung, die sich dann wieder nur auf die Hauptmeldungen beschränkt. Möchte man dies nicht, müsste man den Modus entweder neu einstellen, oder generell über den Link in die Nachrichtenübersicht einsteigen (ich habe den Link bei meinen Favoriten abgelegt, sodass ein schnelleres Aufrufen möglich ist).

⇨ *Suchmaschinenoptimierte Info-Seite*

Besucht jemand Ihre Facebook-Firmenseite, findet er unter dem Titelbild eine einfache, aber wertvolle Navigation, mit der er weitere Informationen zum Unternehmen abrufen kann.

Neben dem wichtigen Reiter „Chronik", der die Startseite beinhaltet und in dem die Unternehmensnachrichten aufgelistet werden, ist der Reiter „Info" angesiedelt. Dort haben Sie die Möglichkeit, wichtige Botschaften zu Ihrer Firma zu erfassen.

Viele Firmen begehen hier den Fehler, viel zu wenig Informationen einzutragen. Sie sind häufig der Meinung, dass interessierte User auf die Firmen-Homepage wechseln, um sich dort noch umfassender über das Unternehmen zu informieren. Ich kann Ihnen versichern, das tun die Leute in der Regel nicht. Facebook-Nutzer befinden sich bereits auf Ihrer Informationsplattform, und wollen hier auch möglichst viele Details finden.

Nutzen Sie daher den großzügigen Rahmen, den Ihnen Facebook zur Ihrer Vorstellung zur Verfügung stellt. Erfassen Sie alle wichtigen Eckdaten und mehr. Beginnen Sie mit einer ausführlichen Firmenbeschreibung und der Erläuterung Ihres Angebots. Streichen Sie heraus, wofür Sie stehen und was Ihnen wichtig ist. Vergessen Sie nicht, das Impressum einzutragen oder die Verlinkung zu Ihrer Homepage herzustellen, damit Sie nicht Gefahr laufen, eine Abmahnung zu erhalten.

Achten Sie zuletzt darauf, dass wichtige Schlüsselbegriffe,

unter denen Sie im Internet gefunden werden wollen, in Ihren Beschreibungen enthalten sind. Wenn Sie so vorgehen, können Sie die Auffindbarkeit Ihrer Informationen nicht nur auf der Facebook-Plattform selbst beträchtlich steigern, sondern auch auf der Suchmaschine Google.

Bitte achten Sie bei der Formulierung Ihrer Texte darauf, dass diese leserfreundlich gestaltet sind und nicht der Eindruck entsteht, dass sie nur für Suchmaschinen optimiert wurden. Denn letztendlich wird die Information für Menschen bereitgestellt, die auch als solche „angesprochen" werden wollen. Verzichten Sie auf stichwortartige Aufzählungen und formulieren Sie verständliche ganze Sätze. Vergessen Sie nicht den Link zu weiterführenden Informationen auf Ihrer Website.

Google, die größte Suchmaschine der Welt, ist auf der technischen Seite bestens aufgestellt. Algorithmen erkennen, ob Texte „Google-frisiert" oder „Leser-orientiert" gestaltet sind – und letzteres ist das Ziel. Wenn Texte für Leser geschrieben werden und Google dies auch so wahrnimmt, darf man auf viele Vorteilte hoffen, etwa eine bessere Auffindbarkeit von Facebook-Info-Seiten.

Da Facebook-Seiten-Infos auch für Facebook-Nichtmitglieder eingeblendet werden, steigt die Sichtbarkeit des Unternehmens ein weiteres Mal, und zwar in einem noch größeren Rahmen. Das spricht für Facebook, und auch den Aufwand den es bedeutet, wenn man eine Unternehmensseite einrichtet und diese dann regelmäßig mit Nachrichten und spannenden Meldungen versorgt.

KOMMUNIKATION IN ECHTZEIT

Lassen Sie sich die Möglichkeit auf der Zunge zergehen, die Ihnen Facebook kostenfrei und jederzeit zugänglich bietet: Sie können in Echtzeit mit Ihren Fans kommunizieren. Mit Rückantwortmöglichkeit, ebenso in Echtzeit. Ihre Community ist zu jeder Uhrzeit für Sie greifbar, was Ihnen wunderbare, durchaus auch umsatzfördernde Wege eröffnet. Ihnen das Potenzial in die Hand legt, relativ zeitnah einen Umsatzanstieg zu bewirken: Wenn Sie etwa kurzfristig eine Sonderangebotsaktion initiieren, Sie in Windeseile noch Restposten verkaufen möchten, oder es irgendeine andere Nachricht gibt, die Sie unmittelbar kommunizieren möchten oder müssen – Facebook hilft Ihnen dabei.

Denken Sie in diesem Zusammenhang auch an weniger willkommene Ereignisse, die Sie vielleicht gerade plagen, und die schlimmstenfalls ein unbefriedigendes Kundenerlebnis auslösen könnten (etwa technische Gebrechen). Im Rahmen der Echtzeitkommunikation können Sie Ihre Fans auf diese Situation hinweisen. Damit wird es für Ihre Community leichter, sich darauf einzustellen, sofern es sie betrifft.

Wenn Sie derartige Gegebenheiten über Facebook an Ihre Folgschaft weiterleiten, treten Sie einmal mehr als kommunikationsstarkes Unternehmen auf. Als eine Firma, die diese Plattform genau zu dem nutzt, wofür sie geschaffen wurde: zur direkten Informationsweiterleitung und zum Dialog.

Sind Sie also einmal von einer schlechten telefonischen Erreichbarkeit betroffen, ist das Schließen des Geschäfts aufgrund dringend notwendiger Reparaturarbeiten nötig oder wenn sich ganz andere Problemlagen eingestellt haben, zögern Sie nicht, und lassen Sie es Ihre Fans wissen. Sie werden höchstwahrscheinlich das Verständnis Ihrer Community ernten.

WERTVOLLE TOOLS SIND UNENTGELTLICH

Facebook stellt für Unternehmensseiten gleich mehrere Tools zur Verfügung die mithelfen, den Dialog auf vielen Ebenen zu unterstützen. Neben den klassischen Interaktionsmöglichkeiten, die bei jeder Nachricht eingeblendet werden, gibt es noch zahlreiche weitere Werkzeuge. Diese können für Seiteninhaber mehr oder weniger wertvoll sein, je nachdem, ob und wie sie genutzt werden. Alle angebotenen Services sind im Moment kostenfrei.

Im Folgenden stelle ich Ihnen zwei Werkzeuge vor von denen ich glaube, dass Sie für Ihre Unternehmenskommunikation von besonderem Nutzen sein können.

⇨ *Rezensionen zur Unternehmensleistung*

Einfach, schnell und unbürokratisch können User Bewertungen über ein Unternehmen abgeben. Sie brauchen dafür lediglich die Funktion der „Rezensionen" nutzen, die auf Unternehmensseiten in der linken Spalte untergebracht sind. Grundsätzlich stehen für das Feedback eine Sternebewertung und ein ergänzendes Textfeld zur Verfügung.

Jede abgegebene Beurteilung hilft, eine Vorstellung über die Qualität der erbrachten Leistungen zu gewinnen. Für Leute, die sich für die Angebote eines Unternehmens interessieren, und vielleicht auch bald ein Produkt erwerben wollen, kann dieses Feedback enorm wertvoll sein. Denn steht man kurz vor einer Kaufentscheidung, möchte man sich häufig noch einmal über den Anbieter oder das Produkt informieren, der oder das in die nähere Auswahl gerückt ist. Um sicherzustellen, keinen Fehlkauf zu unternehmen, werden häufig gerne noch einmal verschiedene Vergleiche durchgeführt. Vielleicht gehören auch Sie zu den Menschen, die sich spätestens vor dem Klick auf den „Jetzt kaufen"-Button noch Kundenbewertungen ansehen. Im Grunde ist es nichts anderes, was hier auf Facebook zu finden ist, nur dass sich hier das Feedback auf die Firma bezieht. Nichtsdestotrotz gelingt es damit, sich ein Bild zu verschaffen, ob der vorhandene Qualitätsanspruch erfüllt wird oder nicht. Und genau darum geht es.

In diesem Zusammenhang sind immer wieder kritische Stimmen zu hören, die auf „gekaufte" Bewertungen zu sprechen kommen. Natürlich kann es sein, dass Rezensionen nicht auf ehrlichem Weg entstanden sind, sondern etwa von einem Seiteninhaber „gekauft" wurden. Ich bin der Meinung, dass die meisten Stellungnahmen von wirklichen Kunden stammen. Je inhaltsvoller ein Statement ist, desto deutlicher wird, dass es hier einen Kontakt zu dieser Firma gegeben haben muss. Ansonsten wäre es nicht möglich, ein derart tiefgründiges Feedback abzugeben - und genau solche Rückmeldungen sind häufig vorzufinden. Es lässt sich durchaus feststellen, ob man es mit „wahren" Bewertungen zu tun hat oder nicht. Finden sich keine aufschlussreichen und gedankenvollen Meinungen unter den Rezensionen, verlieren sie an Wirkungskraft. Sie werden unglaubwürdig und enttarnen damit möglicherweise auch einen „Spitzbuben".

Wechseln wir nun die „Seite" und werfen wir ein Auge darauf, wie Seiteninhaber von abgegebenen Rezensionen profitieren können.

Die erste wichtige Feststellung ist: Auch Firmen können von den Einschätzungen ihrer Community unglaublich profitieren. So ist diese Bewertungsfunktion etwa für Dienstleister häufig sehr gewinnbringend, und das gleich auf mehreren Ebenen: Es gelingt damit auf einfachem und dennoch glaubwürdigem Weg, die eigene Professionalität über fremde Meinungen zu transportieren. Und dies ist vor allem hier von enormer Wichtigkeit, wo es doch oft keine direkten Vergleichsmöglichkeiten gibt, wie sie etwa beim (Ver-)Kauf eines „angreifbaren" Produktes vorliegen.

Der nächste Pluspunkt ist, dass man nicht um Rückmeldungen bitten muss, denn genau das ist es, was häufig als äußerst unangenehm empfunden wird. Vielmehr werden Feedbacks aus freien Stücken abgegeben, aus einer Lust und Laune heraus, nur um seine Meinung zu einem Unternehmen oder Produkt kundzutun.

Ein weiterer Vorteil kommt zum Tragen, wenn man die abgegebenen Bewertungen als „Rückmeldungen kostenloser Unternehmensberater" betrachtet. Das Feedback der Fans kann Seiteninhabern betriebliche Schwachstellen aufzeigen oder auch auf Punkte hinweisen, die für Kunden besonders wichtig sind. Benotungen der Community können Firmen helfen, ihre Standpunkte noch besser zu verstehen. Im Sinne einer Abgrenzung zu anderen Marktbegleitern kann das auch zu umsatzkräftigen Vorteilen führen. Gelingt es Ihnen etwa zu erfahren, welches Produkt oder welche Leistung in Ihrem Angebot noch fehlt, könnten Sie es rasch in Ihr Programm aufnehmen und so einen lukrativen Zeit- und Umsatzvorteil generieren. Bieten Sie einen Artikel schneller (oder sichtbarer) als andere Mitbewerber an, kann sich daraus sogar ein virales Lauffeuer entfachen: Wenn Kunden ihre Begeisterung über den Erwerb des Produktes eilig an ihre Freunde weitertragen und damit nicht nur das erstandene Produkt bewerben, sondern auch noch andere „anstecken", auf Ihrer Unternehmensseite vorbeizuschauen und ebenso bei Ihnen einzukaufen.

Soweit zur guten Seite. Der Schuss kann jedoch auch nach hinten losgehen und Bewertungen hervorbringen, die problematische Ausmaße annehmen. Etwa dann, wenn viele negative Benotungen einlangen. In diesem Moment ist für den Betrieb schon allerhöchste Alarmbereitschaft geboten und ein mehr oder weniger deutliches Signal sichtbar, dass betriebliche Strukturen verbessert werden müssen. In vielen Fällen wird in den Kommentaren angegeben, wo die Probleme aufgetreten sind. Und das ist gut so, denn so können Firmen davon lernen und erfahren, wo sie sofort ihren Optimierungshebel ansetzen müssen, um ihre betriebliche Leistung wieder auf Vordermann zu bringen. Wer sonst kann und will Ihnen in dieser Klarheit sagen, wo in Ihrer Firma der Schuh drückt oder wo es unverzüglichen Handlungsbedarf gibt? Von daher ist es ratsam das Tool in Ehren zu halten, auch wenn man im ersten Moment etwa über ein „beinhart" formuliertes Feedback erschrocken ist.

Auf jeden Fall ist von Unternehmensseite eine unverzügliche Rückmeldung wichtig – egal ob bei positiven oder negativen

Rezensionen. Und sei es auch nur ein Dank dafür. Zeigen Sie Achtung für die Zeit, die User dafür aufwenden, um eine Bewertung abzugeben – damit tut Ihre Community nichts anderes, als Ihnen beziehungsweise Ihrer Unternehmensseite ihre Wertschätzung auszudrücken. Und diesem Engagement sollten Sie auf jedem Fall in positiver Hinsicht begegnen.

⇨ Sofortantworten mit dem Autoresponder

Ein recht praktisches Tool, mit dem man unverzüglich auf Anfragen reagieren kann, ist die Funktion „Sofortantworten". Damit erhalten Interessenten eine automatisierte Nachricht mit einem Text, den Firmen zuvor festlegen können. Der Autoresponder wird für jene Nutzer aktiv, die erstmals eine Nachricht an eine Facebook-Seite richten.

Will man die Funktion nutzen, findet man die auszufüllenden Felder im Administratorenbereich im Bereich „Einstellungen" (zweite, weiße Zeile, rechts) unter „Nachrichten", und hier wiederum unter „Sofortantworten".

⇨ Apps, Fotos, Videos und mehr

Seiteninhaber können für ihre Besucher noch weitere Möglichkeiten nutzen, um diese rasch und nutzerfreundlich über das Unternehmen zu informieren. So sind etwa Apps, Fotos, Videos, Veranstaltungen, usw. mit wenigen Schritten abgespeichert, und werden so für Außenstehende auf einfachem Weg sichtbar gemacht.

Häufig ist die Einrichtung der Tools direkt auf der Startseite möglich oder über die Einstellungen im Administratorenbereich. Falls Sie dafür Hilfe benötigen, stehen meistens nützliche Anleitungen im Facebook-Hilfebereich zur Verfügung. Sie erreichen diesen auf zwei Wegen: Entweder über den blauen Balken ganz rechts oben (das nach unten zeigende Dreieck) oder über die zweite, weiße Zeile, wiederum ganz rechts. Egal welchen Weg Sie wählen, Sie finden an der jeweils genannten Stelle einen Hinweis, wo Sie Ihr Anliegen eintippen, und damit

Antworten auf Ihre Fragen finden können.

⇨ *Bei mir gibt es diese Tools nicht!?*

Wundern Sie sich nicht, falls hier beschriebene Tools (noch) nicht (oder nicht mehr) bei Ihnen zu finden sind. Gehen Sie davon aus, dass Facebook die Plattform laufend verändert und kontinuierlich neue Technologien testet. Erstmalig entwickelte Tools sind dabei nicht sofort für alle Facebook-User nutzbar, sondern nur für einen Teil davon. Wenn sich eine Idee durchsetzt, wird der Nutzerkreis nach und nach erweitert, und zwar solange, bis sich die Neuerung auch im weltweiten Einsatz bewährt.

INTERAKTIONSMÖGLICHKEIT BEI SHITSTORMS

Es gibt Firmen, die aus Angst vor einem Shitstorm keine Facebook-Seite eröffnen. Unter einem „Shitstorm" wird ein kollektiver Sturm der Entrüstung verstanden, welcher sich häufig nicht an die Grenzen von Facebook hält, sondern desertiert, und so nicht selten auch in andere sozialen Medien vorstößt.

Manchmal unterliegen Betriebe dem Irrglauben, dass sie sich vor einem negativen Medienrummel schützen können, wenn sie nicht auf Facebook präsent sind. In Wirklichkeit ist das Gegenteil der Fall. Kommt es tatsächlich zu einem Shitstorm und ist das betreffende Unternehmen nicht auf der Plattform vertreten, gibt es schlimmstenfalls keinen Ort, an dem der Betrieb Stellung nehmen, und die negativen Vorwürfe entkräften könnte. Auf der Seite des Shitstorm-Auslösers einen Kommentar abzugeben ist unter Umständen nicht möglich, weil dies eingeschränkt wurde oder verhindert wird. Wo also berichtet die Firma über die wahren Hintergründe, wenn man „keinen Platz" im jeweiligen Netzwerk besitzt, und man damit nicht in der Mitte des Geschehens ist? Wo nichts anderes in aller Munde ist als die negativen Vorwürfe, die jemand vielleicht sogar unberechtigt in den Raum gestellt hat?

Viel weiser ist es, eine Firmenseite einzurichten, darauf laufend seine Themen und Inhalte zu kommunizieren, und damit eine eigene Fan-Basis aufzubauen. So gelingt es eher, einen virtuellen „Wirbelsturm" zu entkräften und im positivsten Sinne zu überstehen. Geht man geschickt mit den Vorwürfen um, und bereinigt man diese professionell und umfassend, kann diese furchteinflößende Situation sogar einen positiven Richtungswechsel bewirken. So kann es gelingen, dass eine Firma nach einem Shitstorm vielleicht sogar auf eine bessere Reputation verweisen kann, als sie vorher innehatte. Das Argument mit der

Angst hält also nicht und sollte umgehend aus dem Weg geräumt werden.

Sich bereits im Vorfeld mit der Thematik zu befassen und sich darauf einzustellen, dass es jeden treffen kann, kann dazu beitragen, einen Shitstorm professionell(er) zu meistern. Es gelingt damit häufig, besser, gelassener und überzeugender mit der Situation umzugehen und die richtigen Schritte einzuleiten. Das bedeutet für Firmen aber auch, dass sie unter Umständen auch rechtlichen Beistand benötigen. Unter Umständen macht es Sinn, derartige Vorbereitungen in diese Richtung zu treffen. Mein Rat dabei ist, wenden Sie sich an einen auf Online-Recht spezialisierten Experten.

Fassen wir noch einmal zusammen: Für Sie geht es im Falle eines Shitstorm darum, ob Sie „mit dabei sind" (und damit auch Stellungnahme beziehen können), oder ob Sie einen negativen Medienrummel ohne Ihre Mitwirkung zulassen. In diesen Fall laufen Sie Gefahr, dass Sie nicht oder nur in geringem Rahmen die Möglichkeit besitzen, die Wahrheit ans Licht zu bringen und an die entsprechenden Leute zu transportieren. Und zuletzt ist wichtig zu betonen, dass Facebook ein Ort sein kann, wo ein Shitstorm ausgelöst wird, er könnte aber auch in jedem anderen sozialen Netzwerk auf Schiene gebracht werden. An Orten, mit denen Sie weniger vertraut sind und in denen es damit (noch) weniger gelingt, die Lage in den Griff zu bekommen und zu lösen.

VERBINDUNG VON VIRTUELLER UND REALER WELT

Facebook hilft Ihnen, dass Leute aus dem Internet auch in Ihr reales Geschäft „finden". Und das ist wichtig, weil Sie nur so von dieser Plattform in höchstem Maße profitieren. Bedenken Sie, dass es immer von höchster Bedeutung sein muss, eine (gewinnbringende) Verbindung zwischen virtueller und realer Welt herzustellen.

Beginnen wir mit den Möglichkeiten, die Ihnen Facebook bietet und wenden wir zunächst den Blick auf die ersten Schritte im Seiten-Erstellungsprozess. Hier gilt es gleich zu Beginn, den Träger einer Seite über eine sogenannte „Kategorie" festzulegen. Für Betriebe mit hoher Kundenfrequenz (wie zum Beispiel für ein Restaurant oder ein Bekleidungsgeschäft), eignet sich die Kategorie „Lokales Geschäft" besonders gut.

Diese Kategorie-Auswahl führt dazu, dass unterhalb des Titelbildes weiterführende Informationen zum Standort eingeblendet werden. Sofort sichtbar und insofern auch recht nützlich ist der Landkartenausschnitt, der dabei behilflich ist, den Unternehmensstandort auch in visueller Form aufzunehmen. Darunter werden ergänzende Details eingeblendet die helfen, leichter zum Betrieb zu finden beziehungsweise die Leistungen zu nutzen. Außerdem werden neben der Adresse auch noch Telefonnummer, Öffnungszeiten und ein Hinweis auf die Preisgestaltung eingeblendet. Das passiert natürlich nur dann, wenn die Daten erfasst wurden.

Viele Firmen scheinen die Notwendigkeit der regelmäßigen Verbindung viel zu wenig zu beachten. Nur so lässt sich erklären, warum nur so selten auf den Geschäftsstandort hinwiesen und/oder auf den Online-Shop verlinkt wird. Viel zu viele glauben, dass Interessenten sich auf den Weg machen, nach den Kontaktdaten zu suchen. Das tun sie in der Regel nicht. Aus diesem Grund sollten Sie regelmäßig die Firmenadresse und den Link in den Online-Shop in Ihre Nachrichten aufnehmen. Oberste Maxime muss dabei sein: Machen Sie es Facebook-Nutzern so einfach wie nur möglich, auf Ihre Homepage und in Ihr Geschäft zu kommen.

Ein weiterer Schritt könnte sein, den Ort des Unternehmenssitzes in den Seitennamen aufzunehmen. So erkennt man auf den ersten Blick, wo eine Firma „zuhause" ist. Und das, ohne sich extra die Adresse heraussuchen zu müssen. Die Ortsangabe findet sich dann nicht nur am Kopf der Unternehmensseite, sondern auch bei jedem Kommentar, den das Unternehmen abgibt. So ergibt sich die maximale Chancennutzung nicht nur im Nachrichtenstrom in den privaten Profilen, sondern auch auf anderen Seiten, wenn die Firma etwa auf „fremde" Meldungen oder Kommentare reagiert.

Überlegen Sie immer wieder, wie Sie Fans aus dem Internet in Ihr Geschäft, Ihr Lokal oder andere für Sie wichtige Orte ziehen können und verbinden Sie damit die virtuelle mit der realen Welt. Ein Gastronomiebetrieb hatte vor geraumer Zeit die Idee, seinen 200sten Fan in sein Lokal einzuladen und ihm die Spezialität des Hauses zu schenken. Selbstverständlich wurde dies mit einem Bild festgehalten und auf Facebook gepostet. Diese Aktion brachte nicht nur einen glücklichen Gewinner, sondern auch viele „Gefällt mir"-Klicks und Kommentare, und damit auch den begeisterten Beifall der Facebook-Community.

KOSTENFREIE WERBUNG IN DER OFFLINE-WELT

Unternehmen können in gewaltigem Ausmaß von der Bereitschaft der Facebook-User profitieren, wichtige und empfehlenswerte Botschaften zu verbreiten. Wird ein Nachrichtentext schlau formuliert (dazu folgen später noch wichtige Tipps), mit einem plakativen Bild versehen, und trifft man damit den Zahn der Zeit und das Interesse des Lesers, so sind nicht selten viele Mitglieder einer Community bereit, die Botschaft weiter zu tragen und an das eigene Netzwerk weiterzuleiten.

Nicht selten passiert dies dann nicht nur im Netzwerk selbst, sondern auch über dessen Grenzen hinaus. Ein recht erfolgreiches Beispiel dazu ist etwa die Nachricht eines Biohofes über eine neu angelaufene Schulobstaktion. Der Text in der Facebook-Meldung beinhaltete gerade einmal die Botschaft, dass die Aktion angelaufen ist und wo das Anmeldeformular dafür zu finden ist. Mit dem Link zum Homepage-Beitrag wurde auch ein aussagekräftiges Vorschaubild mittransportiert. Damit konnte man auf einen Blick erkennen, worum es geht und für wen das Angebot bestimmt ist. Der Biohof musste nicht lange warten bis die ersten Kommentare einlangten in denen erwähnt wurde, dass das Angebot in Schule und Kindergarten beworben werden würde.

„RICHTIGE" MITARBEITER FINDEN

Platzieren Firmen auf Facebook ihre Stellenanzeigen, steigt die Chance, Mitarbeiter zu finden, die sich für den Betrieb oder die Produkte in besonderem Maße interessieren. Zumindest gibt es schon einmal das Bekenntnis, dem Betrieb „folgen" zu wollen, schließlich hat man die Unternehmensseite mit einem „Gefällt mir" versehen und sich bereit erklärt, deren Nachrichten zu konsumieren.

Fühlen sich Menschen zu einer Firma „hingezogen", indem sie ihr auf Facebook folgen, ist anzunehmen, dass sie – im Falle eines Beschäftigungsverhältnisses – motiviert und engagiert im Unternehmen mitarbeiten würden. Dies lässt sich darauf zurückführen, dass, zumindest dem ersten Anschein nach, ähnliche Wertvorstellungen geteilt werden und sich daraus eine besondere Verbundenheit gegenüber den Produkten oder dem Betrieb als Ganzem ergibt.

Andererseits kann eine auf Facebook platzierte Stellenausschreibung auch einfach und ohne viel Aufwand an andere Personen weitergeleitet werden. Wie wir alle wissen ist die Welt klein, und jeder kennt über sieben Ecken jeden. Die Wahrscheinlichkeit, dass jemand jemanden kennt, für den die Position interessant sein könnte, ist also hoch. Und damit auch die Chance, kostengünstig neue Beschäftigte zu finden.

FACEBOOK ALS KOMMUNIKATIONSKANAL

FACEBOOK SELEKTIERT

So wie etwa auch die Suchmaschine Google den Inhalt von Webseiten, Dokumenten, usw. analysiert und bewertet, kontrolliert auch Facebook die Beschaffenheit eingestellter Beiträge. Beide Unternehmen wollen damit die Qualität der eingeblendeten Ergebnisse verbessern und die Zufriedenheit der User steigern. In diesem Sinne werden vorselektierte, und für „gut" befundene Ergebnisse häufiger, und in der Regel mit einer besseren Position, nämlich weiter oben, eingeblendet.

Es wäre wunderbar, wenn alle Menschen, die sich durch ein „Gefällt mir" zu einer Unternehmensseite bekennen, fortlaufend deren Mitteilungen erhalten. Leider ist dies nur ein Wunschtraum. Facebook nimmt Eingriff in die Inhalte der privaten Chroniken und sortiert dort mit einem Algorithmus jene Nachrichten aus, die nicht (bevorzugt) ausgestrahlt werden sollen. Dafür wurden unzählige Faktoren festgelegt, die beim Aussortieren der Meldungen und bei der Reihung der Nachrichtenposition helfen.

Brian Boland, ein Mitarbeiter von Facebook, äußerte sich dazu im Juni 2014 mit folgenden Worten: "Mit jedem neuen „Gefällt mir" wird der Wettbewerb in den Facebook-Neuigkeiten noch größer. Von den 1.500+ Beiträgen, die man sehen könnte, zeigen die Facebook-Neuigkeiten circa 300 Beiträge. Um auszuwählen, welche Beiträge gezeigt werden, stellen die Facebook-Neuigkeiten eine Rangfolge der möglichen Beiträge auf (von wichtig zu unwichtig). Dabei werden tausende Faktoren hinsichtlich dieser Person berücksichtigt." Diese Aussage führt zu dem Schluss, dass einer Privatperson nur etwa jede fünfte der möglichen Botschaften zugeführt wird.

Aus Firmensicht ist wichtig zu wissen, wie vielen Personen eine Unternehmensnachricht eingeblendet wird. Einen ersten Hinweis darauf gibt die sogenannte „Beitragsreichweite", die die Summe aller Personen nennt, für die ein Beitrag bereitgestellt wird.

Beachten Sie dabei, dass die Beitragsreichweite nur einen aktuellen Ausstrahlungsspielraum abbildet. Obwohl in diesem Zusammenhang von einer „Beitragsreichweite in dieser Woche" berichtet wird, kann sich der Wert auch während eines Tages ändern.

Betrachten Sie den angegebenen Wert daher als einen Wegweiser, der sich sowohl nach oben, als auch nach unten verschieben kann. Erfreuliche Ausreißer nach oben sind möglich, wenn Ihr Beitrag aufgrund einer Teilung in ein privates Profil wandert und dort auf ein großes Publikum trifft. Auch ein regenreiches Wochenende könnte dazu führen, dass viele Ihrer Fans online sind. Was die Beitragsreichweite auch noch gerne nach oben explodieren lässt, sind die zahlreichen Kommentare, die zur Teilnahme an einem Gewinnspiel abgegeben werden. Ansonsten gilt, senden Sie laufend Nachrichten aus, die in Ihrer Community viel Zuspruch auslösen und sie veranlassen, mit Ihnen zu interagieren. Diese Vorgehensweise wird Ihre Beitragsreichweite langfristig heben.

Oft steht die Frage im Raum, mit welcher durchschnittlichen Beitragsreichweite denn zu rechnen sein könnte. Leider gibt es dazu kaum veröffentlichte Zahlen. Die Angaben reichen von zehn bis dreißig Prozent der Seitenfans. Seiten mit unter 1.000 Fans werden dabei höhere Werte zugesprochen (etwa 30 Prozent), als Seiten mit über 100.000 Fans (bei 10 Prozent).

Was noch kaum kommuniziert wird ist, dass sich privates Facebook-Engagement auch auf die Unternehmensseite auswirkt, und zwar im positiven Sinne. Wer auch in seinem privaten Profil täglich Nachrichten postet, fremde Nachrichten mit einem „Gefällt mir"-Klick goutiert, kommentiert oder teilt, wird nicht selten mit einer höheren Beitragsreichweite auf der Unternehmensseite belohnt.

Steigt die Beitragsreichweite ist es möglich, mit einer Nachricht eine deutlich größere Menschenmenge zu erreichen, als die Unternehmensseite Fans aufweist. Den Beitrag dafür können Sie mit jeder Nachricht leisten, sei es im privaten als auch im betrieblichen Kontext. Das ist es, was Facebook ausmacht – Leute zu erreichen, die sich für Sie als Person oder für das Unternehmen interessieren (könnten).

Intensive Kommunikation und der freundschaftliche Meinungs-
austausch wird von Facebook in besonderem Maße begrüßt.
Das ist auch nicht verwunderlich, wenn man sich das Unter-
nehmensmotto zu Gemüte führt: „Facebook ermöglicht es dir,
mit den Menschen in deinem Leben in Verbindung zu treten
und Inhalte mit diesen zu teilen."

Aus Unternehmenssicht bedeutet dieses Bekenntnis, dass es
Facebook darum geht, menschlich zu kommunizieren, interessante Inhalte aufzugreifen, sich im Diskurs darüber auszutauschen und sich letztendlich über diesen Weg auch weiter zu
entwickeln. Wenn Firmen diesen Zugang wählen und ernsthaft
in die Realität umsetzen, gibt es nur eine Richtung: Die nach
vorne. Und der Erfolg wird nicht lange auf sich warten lassen.

DER NEUIGKEITEN-ALGORITHMUS

Stellen Sie sich folgende Situation vor: Sie sind Betreiber einer Plattform, auf der über eine Milliarde Menschen als Mitglied registriert sind. Würde jede einzelne Person auch nur eine einzige Meldung posten, würde dies zu einem gewaltigen Datenvolumen führen und gigantische Speicherkapazitäten erfordern.

Oder versetzen Sie sich in die Lage eines Mitgliedes, das viele Freunde, sagen wir fünfhundert, tausend oder mehr, mit sich vernetzt hat. Wie wäre es für diese Person, erhielte sie von allen diesen Leuten alle Nachrichten? Sie sehen, es gibt mehrere, eigentlich recht gute Gründe, den Nachrichtenstrom einzugrenzen und nicht jede Botschaft, die von einer Person oder Firma ausgesendet wird, in den persönlichen Nachrichtenstrom überzuführen.

Dieser Gedankengang ist nicht von mir, sondern von Facebook, und er ist auch bereits umgesetzt. Zur Eingrenzung des Nachrichtenbereichs wurde ein Algorithmus entwickelt, der an vorderster Front die Bedürfnisse der Facebook-Nutzer befriedigen soll. Wenn es auch nicht kommuniziert wird, so gilt es damit sicherlich auch, die ökonomischen Aspekte der Plattform im Griff zu behalten.

Was bedeutet das aber nun für Firmen, die eine Facebook-Seite unterhalten? Zunächst ist wichtig zu wissen, dass ein Beitrag, der auf einer Firmenseite gepostet wird, nicht bei allen Fans eingeblendet wird.

Die Wahrscheinlichkeit, dass eine Person eine Firmenbotschaft in seinem Nachrichtenstrom vorfindet ist umso höher, je mehr in letzter Zeit miteinander „kommuniziert" wurde. Facebook filtert demnach die Nachrichten in privaten Profilen auf Basis der Interaktionen, die zwischen zwei Akteuren stattgefunden haben. Je mehr Diskurse zwischen zwei Mitgliedern erfolgten, desto höher ist die Wahrscheinlichkeit, dass die Botschaft in einem privaten Profil eingeblendet wird.

Unternehmen sollten verinnerlichen, das Facebook einem hohen Qualitätsanspruch folgt und damit sicherstellen will, dass Mitglieder die Nachrichten von jenen Absendern erhalten, mit denen sie im regen Austausch stehen. Und was bedeutet das? Leute, die oft miteinander interagieren, erhalten eher die Botschaften des anderen und die Meldungen werden im Nachrichtenstrom weiter oben eingeblendet.

„Interaktion" bezieht sich hierbei auf verschiedene Kommunikationsformen, wie etwa bei einer Meldung mit einem Emoticon („Gefällt mir", „Love", „Haha", usw.) zu reagieren, einen Kommentar abzugeben oder eine Botschaft zu teilen. Je weniger miteinander kommuniziert wird, desto eher versiegt der Fluss im Nachrichtenstrom. Das heißt, dass Meldungen dieser Person immer seltener in den Nachrichten auftauchen bis zu jenem Punkt, als gar keine Botschaften mehr übermittelt werden. Warum das so ist, setzt sich aus den Faktoren des Neuigkeiten-Algorithmus zusammen.

Grundsätzlich werden in diesem Algorithmus verschiedenste Qualitätsfaktoren berücksichtigt. Diese ändern sich regelmäßig und werden so an aktuelle Bedingungen oder Erfordernisse angepasst. Relativ konstant ist jedoch die Bedeutung vom Ausmaß und der Form der Interaktionen, vom Alter einer Meldung oder von der Beitragsart (etwa ein Foto, ein Link, ein Video oder eine klassische Statusmeldung). Genauere Details verrät Facebook dazu nicht, es gelingt jedoch mit der Zeit, diese zu erahnen und teilweise zu entschlüsseln.

Das funktioniert auf Unternehmensseite umso besser, als man versucht, die Interaktion mit seiner Community zu optimieren. Dazu hilft ein Blick in die Statistiken, die Facebook im Administratorenbereich zur Verfügung stellt. Auf Basis der dort veröffentlichten Daten muss versucht werden herauszufinden, was bei Fans einen interaktionsförderlichen Zuspruch auslöst.

Interaktionsstarke Meldungen erkennt man, wenn sie mit ausgiebigen Emoticon-Klicks (wie Gefällt mir, Love, Haha, usw.) versehen wurden, an den zahlreichen Kommentaren oder einer überdurchschnittlich hohen Zahl an Teilungen. Jene

Botschaften, die Spitzenreiter in diesen Bereichen sind, treffen bei den Fans offensichtlich ins Schwarze und sollten infolgedessen auch regelmäßig reproduziert werden.

Nutzen Sie die laufend aktualisierten Statistiken ausgiebig. Die Auswertungen, deren Umfang von der Anzahl der Fans abhängt, ermöglichen gute Rückschlüsse auf die Neigungen der Community. Sie erleichtern es, die Unternehmenskommunikation danach auszurichten. Wichtige Eckpfeiler sind zum Beispiel die bevorzugten Beitragsarten oder die Zeitkurve die hilft herauszufinden, wann die kommunikativsten Fans online sind. Und damit sind wir an einem Punkt angelangt, der häufig übersehen wird.

Denn, was Facebook nicht erwähnt ist der Zeitfaktor, der einen überaus wichtigen Faktor darstellt. Für eine hohe Verbreitung einer Botschaft ist es wichtig, dass eine Meldung rasch mit Interaktionen „belohnt" wird. Facebook liest von diesem Nutzerverhalten ab, dass es sich um eine interessante oder wichtige Botschaft handeln muss, und strahlt diese in der Folge häufiger aus. Meldungen sollten daher dann publiziert werden, wann die kommunikativsten Fans online sind, also jene, die häufig mit der Seite interagieren. Die von Facebook zur Verfügung gestellte Nachrichtenplanung kann dabei wertvolle Dienste leisten. Wie Sie die Versandzeiten von Botschaften planen können, erfahren Sie weiter unten. Haben Sie bitte noch etwas Geduld.

Wenn Sie sicherstellen wollen, dass Ihre Botschaften garantiert mehr Menschen eingeblendet werden, könnten Sie Ihre Beiträge bewerben. Aus meiner Sicht macht dies jedoch erst dann Sinn, wenn Sie das Facebook-(Werbe)System durchschaut haben und ganz genau wissen, wie sich Ihre Zielgruppe zusammensetzt. Viele Firmen begehen hier den Fehler, erstens zu unpräzise Zielgruppenangaben einzubringen und zweitens viel zu werblich aufzutreten. Oft wird missachtet, dass Facebook eine Entertainment- und Lern-Plattform ist (alle Nachrichten tragen im Grunde genommen dazu bei, sich weiter zu entwickeln), und keine Verkaufsmaschinerie.

Erfahrungsgemäß, und es wird mir immer wieder bestätigt, führen die ersten Facebook-Anzeigen nicht zum gewünschten Erfolg und selbst das wenige Geld, das für die Ausstrahlung investiert wurde, hat sich nicht gelohnt. Von daher ist es ein guter Tipp, sich intensiv mit seinen Fans auseinanderzusetzen (welchen Seiten folgen sie, welche Events sind interessant, usw.). Es gilt: Je präziser die Einschränkungen und Ausschließungen sind, desto eher wird die Anzeige den richtigen Leuten eingeblendet, und desto gewinnbringender werden die Werbeeinschaltungen sein.

Da sich dieses Buch dem Thema Kommunikation widmet (und nicht der Werbung), möchte ich die einzelnen Stolpersteine nicht näher ausführen. Es bleibt bei meinem Tipp: Setzen Sie sich intensiv mit Ihrer Community auseinander und kommunizieren Sie mit ihr ehrlich, zeitnah und vor allem emotional. Wenn Sie nur einige der in diesem Buch genannten Tipps umsetzen, wird Ihre Firmenseite wachsen. Allenfalls etwas langsamer als mit einer Anzeigenschaltung, dafür aber nachhaltig. Ihre Fans werden Ihnen verbunden sein und auf Ihre Meldungen reagieren – und genau das wird Ihnen eine höhere Interaktionsrate bescheren.

UND WAS BLEIBT?

Sie haben in diesem Kapitel von der kontinuierlichen Nachrichtenselektion erfahren und wollen jetzt vielleicht erfahren, wie viele Fans nun Ihre Botschaft erhalten haben. Das ist eine wichtige und berechtigte Frage, die Ihnen Facebook unterhalb jedes Meldungstextes beantwortet: Es ist die Zahl der erreichten Personen.

Der Wert über die erreichten Personen kann sich bei „jungen" Nachrichten noch in größeren Schüben verändern, weil hier die Botschaft am ehesten ausgestrahlt wird. Erreicht eine Meldung ein Veröffentlichungsalter von zwei, drei oder mehr Tagen, wird sie den Weg in die Nachrichtenströme immer schwerer schaffen. Die Zahl wird dann wahrscheinlich nur noch wenig ansteigen. Dies trifft übrigens auch dann zu, wenn Sie zwei oder mehr Meldungen pro Tag verschicken. Facebook scheint dann „erfolgreichere" an die vorderste Front zu stellen und weniger Interaktion auslösende Nachrichten hinten an zu stellen beziehungsweise gar nicht mehr einzublenden.

Sie finden in diesem Buch viele Tipps und Tricks, wie Sie Ihre Beitragsreichweite steigern, und damit noch mehr Menschen erreichen können. Beginnen wir mit den zentralen Erfolgsbausteinen, die Sie von Anfang an berücksichtigen sollten. Damit schaffen Sie die Grundlage für einen zügigen Facebook-Erfolg.

ZENTRALE ERFOLGSBAUSTEINE

Nutzen Sie die Möglichkeit, Ihren Erfolg auf Facebook von Anfang an in die richtige Richtung zu lenken. Überlassen Sie nichts dem Zufall und planen Sie Ihre Aktivitäten zielgerichtet. Setzen Sie sie in der Form um, dass Sie Ihnen helfen, Ihre Kommunikationsziele zu erreichen.

Bedenken Sie, dass Facebook ein Kommunikationskanal von vielen ist und untersuchen Sie, ob Sie in diesem Netzwerk auch tatsächlich auf Ihre (potenziellen) Kunden treffen. Facebook kann für Ihr Unternehmen und Ihre Nachrichten die richtige Plattform sein, muss es aber nicht. Falls sich dort niemand für Ihre Aktivitäten interessiert, investieren Sie Ihre Zeit und Ihr Geld vergebens.

Sie erfahren auf den nächsten Seiten, wie Sie Ihr Facebook-Engagement gewissenhaft vorbereiten, und worauf Sie dabei besonders achten sollten.

ZIELGERICHTET AGIEREN

Zielgerichtet agieren bedeutet, dass Sie Ihre Facebook Aktivitäten nicht einfach ohne weitere Überlegungen starten, sondern sich schon im Vorfeld mit erfolgsrelevanten Aspekten auseinandersetzen.

Sehen wir uns an, worauf Sie ein Auge werfen sollten.

⇨ *Strategie & Ziele*

Wenn Sie für Ihre Kommunikation auf Facebook eine Strategie entwickeln wollen - und das sollten Sie auf jeden Fall – gilt es im Hinterkopf zu bewahren, dass damit Ihr langfristiges Vorgehen gemeint ist. Der Fokus liegt dabei in einem Zeitfenster von zehn und mehreren Jahren und sollte vor allem darauf liegen, den langfristigen Erfolg des Unternehmens abzusichern. Es geht weniger darum, kurzfristige Vorhaben zu pushen, die vielleicht auch noch Ihren prinzipiellen Unternehmensgrundsätzen im Wege stehen.

Ihr Facebook-Auftritt muss die Kompetenz und Professionalität Ihrer Firma unterstreichen und auf kreative Art und Weise hervorheben. Sie erreichen dies nicht, wenn Sie sich halbherzig an Facebook herannähern und sich nur gezwungenermaßen mit der Plattform auseinandersetzen. Dieses Vorgehen wird Sie nicht zum gewünschten Erfolg führen, denn Ihre Community wird diese (Ihre) Einstellung wahrnehmen und mit einem „unguten" oder mit einem nicht authentischen Gefühl verbinden. Und genau dies gilt es zu vermeiden.

Die folgenden Fragen helfen Ihnen herauszufinden, ob Facebook für Sie ein gewinnbringendes Instrument zur Unternehmenskommunikation sein kann. Es gilt zu prüfen, ob und wie Ihnen die Plattform für Kundengewinnung und Kundenbindung dienlich sein kann.

⇨ *Womit fange ich an?*

Wenn Sie mit dem Gedanken spielen, auf Facebook eine Unternehmensseite einzurichten, gilt es, mehrere wichtige Aspekte zu beachten und zu analysieren. Stellen Sie sich dazu folgende Fragen:

Welche Ziele will ich mit meinem Facebook- Engagement erreichen?

Zunächst sollten Sie überlegen, welche Ziele Sie mit Ihrem Facebook-Auftritt erreichen möchten. Liegt Ihnen daran, neue potenzielle Kunden zu finden (das ist bei vielen Firmen ein wichtiger Grund und bei der enormen Besucherfrequenz der Plattform auch durchaus legitim), Ihre (Marken)Bekanntheit zu steigern, Ihre Kompetenz eindrucksvoll und wiederkehrend zu demonstrieren, stärkere Kundentreue zu erlangen, Kunden in Markenbotschafter zu verwandeln, neue Newsletter-Abonnenten zu gewinnen oder Ihren Umsatz zu steigern? Dann kann Ihnen dieses soziale Netzwerk wahrscheinlich gute Dienste leisten. Überlegen Sie genau, was Ihr Antrieb ist, in Zukunft auf Facebook zu setzen. Nur wenn Sie wissen, was Sie erreichen wollen, können Sie Ihre Meldungen darauf ausrichten und kontinuierlich darauf hinarbeiten.

Erreiche ich auf Facebook meine Zielgruppe?

Überlegen Sie nun, wen genau Sie erreichen müssen, damit Sie Ihr Ziel, das Sie sich für Facebook gesetzt haben, auch tatsächlich erreichen.

Sind es Männer und Frauen, oder ist in Ihrer wichtigsten Gruppe nur ein Geschlecht zu finden; Männer oder Frauen? Wie alt sind die Mitglieder Ihrer wichtigsten Zielgruppe? Sind es eher Menschen mittleren Alters, junge Leute oder Menschen höheren Alters? Und halten sich diese Personen auch auf Facebook auf? Sind sie aktiv im Netzwerk und bereit, in Online-Shops einzukaufen, direkt bei Ihnen vorbei zu kommen oder via

Mail bei Ihnen zu bestellen?

Meines Erachtens zählt diese Plattform zu den geeignetsten Werkzeugen wenn es darum geht, zu Privatpersonen in ungezwungener Art und Weise vorzustoßen. Facebook kann auch dann ein wichtiger Kommunikationskanal für Sie sein, wenn Ihre Kunden nur kurze Anreisewege in Kauf nehmen oder Sie nur in einer bestimmten Region tätig sind.

Im Business-to-Business-Bereich, die Kunden also andere Firmen sind, gilt es auszuloten, ob Sie hier die entscheidenden Personen antreffen. Im Kreativbereich mag dies durchaus möglich sein, bei technischen Geschäftsführern könnten sich berechtigte Zweifel einstellen. Versuchen Sie herauszufinden, ob sich mindestens dreihundert bis tausend Menschen hier aufhalten, die perfekt in Ihr Kundenschema passen. Ist die Zahl geringer, könnte Facebook möglicherweise nicht der effizienteste Kanal für Sie sein.

Spätestens dann, wenn Ihre Kunden Sie immer und immer wieder darauf ansprechen, ob und warum Sie denn keinen Facebook-Auftritt unterhalten, sollten Sie sich ernsthaft mit dem Thema auseinandersetzen.

Bin ich selbst für Facebook bereit?

Wenn Sie das Gefühl haben, dass ein Großteil Ihrer bestehenden und potenziellen Kunden Facebook nutzt, können Sie die Frage für ein Engagement abhaken, und zwar im positiven Sinne. Dann gilt es, sich rasch mit der Thematik auseinanderzusetzen und die Vorbereitungen zu starten. Vorausgesetzt, Sie selbst sind Facebook gegenüber positiv aufgeschlossen. Haben Sie ein „ungutes Gefühl" bei der Nutzung dieser Plattform, aus welchen Gründen auch immer, wägen Sie bitte ab, ob Sie sich wirklich engagieren wollen.

Ihre Fan-Community würde rasch merken, wenn Sie nur widerwillig und mit wenig Freude Ihre Nachrichten verbreiten. In diesem Fall können Sie sich mit hoher Wahrscheinlichkeit darauf einstellen, dass Ihre Fanzahl nur langsam, wenn überhaupt, steigt. Um dem entgegenzuwirken könnten Sie in Betracht ziehen, jemanden anderen mit der Betreuung der

Facebook-Seite zu beauftragen. Dieser Aspekt wäre auch dann ein Thema, wenn Sie schon jetzt wissen, dass Ihnen die Zeit für ein professionelles Facebook-Engagement fehlt.

⇨ *Gut Ding braucht Weile*

Gehen Sie von Anfang an davon aus, dass die Entwicklung und der Aufbau einer nachhaltigen Fan-Community Zeit braucht. Facebook ist zwar die größte Plattform der Welt, die unglaubliches Potenzial verspricht, dennoch müssen Sie verinnerlichen, dass sich (wahrscheinlich) nicht von heute auf morgen hunderte, tausende oder mehr Leute mit Ihrer Seite verbinden.

Meistens steigt die Zahl der Fans langsam aber kontinuierlich, und je mehr Erfahrung Sie auf Facebook gesammelt haben, desto interessanter werden Sie (hoffentlich) für Andere. Je mehr Nachrichten Sie veröffentlicht haben, desto besser gelingt es Ihnen, die Interessen Ihrer Fans herauszufinden.

Nehmen Sie sich die Zeit und analysieren Sie regelmäßig die Interaktionserfolge Ihrer Postings. Halten Sie Ausschau nach Beiträgen, die rasch mit einem „Gefällt mir" quittiert werden, welche Themen die Fans zu Kommentaren animieren, und welche Inhalte oft geteilt werden. Wenn Sie wissen, was Ihre Community interessiert und zu einer Interaktion motiviert, können Sie dieses Wissen gezielt einsetzen. Erhöhen Sie alle Meldungstypen, die im positiven Sinne herausstechen und verzichten Sie auf Beiträge, die nur selten auf Zuspruch stoßen.

Mit der Zeit gewinnen Sie ein immer deutlicheres Bild das Ihnen hilft, Ihre in Facebook investierte Zeit noch gewinnbringender einzusetzen. Eine wertvolle Hilfestellung finden Sie in Ihrem Administratorenbereich. Die dort befindlichen Statistiken zeigen Ihnen wichtige Werte aus den unterschiedlichsten Bereichen. Damit können Sie sich auf einfachem Weg einen guten Überblick verschaffen.

Die sogenannten „Facebook-Insights" liefern Ihnen aktuelle Informationen zur Entwicklung der Fanzahlen, der Reichweite und dem Erfolg der Beiträge, aber auch zu den Fans der Seite (etwa Herkunft, Geschlecht und Alter). Im Bereich „Beiträge" ist es praktisch zu erfahren, wann die Seiten-Fans online sind oder welche Nachrichten in den letzten drei Monaten die höchsten Interaktionen ausgelöst haben.

In den Statistiken finden Sie auch den Terminus „Interaktive Nutzer". Hierzu zählen jene Personen, die mit Ihren Beiträgen interagieren. Studieren Sie die Angaben dieser Personen genau und prüfen Sie, ob diese Menschen denn auch Ihrer Zielgruppe entsprechen. Wenn dem so ist, sind Sie auf dem richtigen Weg, denn diese Leute setzen sich intensiv mit Ihren Meldungen auseinander – sie nehmen sich sogar die Zeit, darauf zu reagieren.

Nachdem Sie sich mit den wichtigsten betrieblichen Punkten auseinander gesetzt haben gilt es auszuloten, was vonseiten der Facebook-Plattform berücksichtigt werden sollte.

NAME DER FACEBOOK-SEITE

Sofern Sie freie Hand in der Gestaltung Ihres Namens haben, sollten Sie auf Facebook einen Seitennamen wählen, der Ihnen dabei behilflich ist, dass Ihr Unternehmen leicht von interessierten Leuten gefunden wird.

Dabei ist es wichtig zu beachten, dass es einen Unterschied macht, ob Sie Ihre Produkte und Leistungen an private Leute, oder an andere Firmen verkaufen. Warum ist das wichtig? Weil sich in diesem Zusammenhang im Laufe der Zeit eine Namensgebung etabliert hat, die jemandem erst bei einer kritischen Auseinandersetzung auffällt. Auch deshalb, weil sie für uns mittlerweile „normal" geworden ist.

Firmen, die Produkte an Endkunden verkaufen, setzen vor ihrem Nachnamen meistens den Unternehmensgegenstand. Denken Sie hierbei etwa an einen Biohof. In der Regel heißen solche Betriebe „Biohof XYZ".

Im Gegensatz dazu setzen Firmen im B2B-Bereich häufig den Nachnamen oder eine Fantasiebezeichnung an die erste Stelle eines Firmennamens. Und wenn überhaupt, dann den Unternehmensgegenstand an die zweite Position. Namen wie „XYZ – Agentur für ..." oder „XYZ Holzbearbeitung" sind keine Seltenheit.

Was bedeutet das für Sie? Je nachdem, welche Kunden Sie bedienen, sollte der Facebookk-Name darauf abgestimmt sein. Nutzen Sie dieses Wissen und werden Sie damit auf Facebook leichter gefunden. Seien Sie bei den Ersten dabei, die die Plattform bei einer Suchanfrage prominent platziert.

Überlegen Sie, welche Worte Ihren Unternehmensgegenstand am treffendsten ausdrücken. Überprüfen Sie anschließend auf Facebook, ob es Seiten gibt, die mit dem gleichen Begriff beginnen. Es macht keinen Sinn, eine Bezeichnung zu wählen, die niemand kennt oder von niemandem benutzt wird. Oder auf einen Begriff zu setzen, der scheinbar widersprüchlich ist, und zwar in dem Sinne, als er auch von Seiten verwendet wird, die in einem ganz anderen Bereich tätig sind. Analysieren Sie, welche Bezeichnungen Ihre „Marktbegleiter" auf Facebook verwenden.

Tippen Sie die von Ihnen favorisierte Bezeichnung auch in der Suchmaschine Google ein und erforschen Sie, welche Seiten in den Suchergebnissen aufscheinen. Sind es Seiten von Firmen aus Ihrer Branche, sind Sie richtig. Falls nicht, gilt es, sich gegebenenfalls noch einmal auf den Weg zu begeben und nach einem anderen Namen zu suchen.

Falls Sie auf eine Fantasiebezeichnung setzen wollen, sollten Sie spätestens jetzt prüfen, sofern dies nicht ohnehin schon passiert ist, ob Sie damit auch keine Markenrechtsverletzung begehen. Sie können online erste Analysen durchführen, ob ein Begriff oder eine Bezeichnung bereits markenrechtlich geschützt wurde. Sofern Sie von dem Rechteinhaber nicht die Erlaubnis zur Nutzung des Namens erhalten haben, dürfen Sie ihn nicht verwenden. Im Anhang finden Sie Links, wo Sie Markenrechtsabfragen durchführen können.

⇨ *Eine Seite, zwei Namen, zwei Adressen*

Im Zuge des Seitenerstellungsprozesses fragt Sie Facebook zwei Mal nach einem Namen für Ihre Unternehmensseite. Zum einen ist hier der Seitenname gemeint, zum anderen der Nutzername. Sehen wir uns die Unterschiede an, damit Sie wissen, wo welcher Name eingetragen werden muss. Wichtig sind auch die Motive, die sich dahinter verbergen.

Der Seitenname, der akquiriert

Der Seitenname wird in vorteilhafter Position am Kopf jeder Facebook-Seite eingeblendet. Es ist kaum möglich, den Namen zu übersehen, er ist im großen Titelbild, beziehungsweise rechts vom kleinen Profilbild untergebracht. Unterhalb des Seitennamens befindet sich eine den Unternehmensgegenstand beschreibende Kurzinformation. Sie gibt jene Unterkategorie wieder, für die Sie sich im Zuge des Seitenerstellungsprozesses entschieden haben. Die Einblendung der Unterkategorie kann nicht deaktiviert werden, was vor allem für jene Seiteninhaber wünschenswert wäre, die mit der automatisch eingeblendeten Beschreibung unzufrieden sind.

Der Seitenname gibt in der Regel den Namen des Unternehmens wieder. Bei einem Facebook-Auftritt kann es, wie wir schon besprochen haben, Sinn machen, dem „grundsätzlichen" Namen eine ergänzende Bezeichnung beizufügen. Warum? Weil dies auf der einen Seite das Finden der Seite erleichtert und andererseits dazu beiträgt, dass Leute Ihr Leistungsspektrum schneller erfassen können. Tragen Sie dafür Sorge, dass User so rasch wie möglich erkennen, in welchem Bereich Sie Experte sind. Und genau das sollte auch der Firmenname wiedergeben.

Firmen werden auf Facebook leichter gefunden, wenn das in das Suchfeld eingetippte Wort mit dem Namen einer Facebook-Seite übereinstimmt. In der Ergebnisliste werden diese dann weiter oben eingeblendet. Das bedeutet, dass Seitennamen idealerweise so lauten, wie sie Interessenten in das Suchfeld eingeben. Und im Privatkundenbereich ist dies häufig der Unternehmensgegenstand, der dann am besten an der ersten oder zweiten Stelle steht.

Wenn Sie sich für einen Seitennamen entschieden haben, prüfen Sie sicherheitshalber, mit welchen anderen Seiten Sie sich bei einer entsprechenden Suchanfrage messen. Tippen Sie dazu den von Ihnen favorisierten Seitennamen im Suchfeld oben links ein und analysieren Sie die Seiten, die Ihnen Facebook vorschlägt. Passen die aufgelisteten Seiten zu Ihrer Seite dazu oder widmen sich diese einem völlig anderen Thema? Wenn dies der Fall sein sollte, Ihnen also Seiten vorgeschlagen werden, die überhaupt nicht zu Ihrem Auftritt passen, dann macht es meistens Sinn, nochmals über den Seitennamen nachzudenken und diesen neu zu formulieren.

Es ist weiser sich für einen Seitennamen zu entscheiden, der mit themenverwandten Seiten harmoniert. So sind Sie mit Ihrer Seite in „bester Gesellschaft" und haben möglicherweise das Glück, dass Sie eher gefunden werden.

Wenn Sie sich für einen Namen entschieden haben, kann es sinnvoll sein, diesen ein weiteres Mal zu erweitern und auch den Geschäftsstandort anzugeben. Etwa dann, wenn Sie mit Ihrer Firma in einem beliebten und allseits bekannten (Ferien-)Ort zuhause sind. Wenn Sie nur ein bestimmtes Gebiet betreuen, kann die Angabe des Unternehmensstandortes ebenfalls sinnvoll sein. Das gleiche gilt auch, wenn Sie einen Laden besitzen. So erkennen Leute sofort, wo Sie zu finden sind. Dies kann das Interesse an Ihrem Geschäft durchaus steigern und User motivieren, Fan Ihrer Unternehmensseite zu werden. Allein deshalb, weil Sie in einem bestimmten Ort beheimatet sind.

Wenn Sie sich dann mit spannenden Postings immer wieder in Erinnerung rufen, entsteht nach und nach eine Bekanntschaft, die den Einzelnen anregt bei Ihnen vorbei zu schauen. Möglicherweise werden damit auch Weiterempfehlungen ausgelöst. Sie sehen, es macht nicht nur Sinn auf den einzelnen User zu tippen, die schon Fans Ihrer Seite sind, sondern auch noch darüber hinaus zu denken, dass auch diese Leute Bekannte haben, die möglicherweise für Ihre Firma interessant sind.

Zusätzlich zur prominenten Platzierung am Kopf jeder Seite wird der Name auch bei jedem Kommentar, den Sie auf einer anderen Seite oder im Profil einer Privatperson abgeben, eingeblendet. Hier zeigt sich neuerlich, wie wichtig es ist, einen aussagekräftigen Seitennamen zu nutzen. Wer einen inhaltsreichen Namen führt, hilft anderen, auf den ersten Blick zu erkennen, in welchem Bereich Sie tätig sind. Und das kann Ihnen helfen, neue Fans zu lukrieren oder mit etwas Glück auch neue Kunden. Und das ohne viel Aufwand, mit einem passenden Kommentar von Ihnen, der Ihr Unternehmen hervorhebt und in ein positives Licht stellt.

Facebook-Richtlinien für Seitennamen

Um ein gewisses Maß an Aussagekraft und Einheitlichkeit sicherzustellen, hat Facebook für die Benennung seiner Seiten Richtlinien festgelegt. Diese gelten für alle Seitenbetreiber.

Nachfolgend finden Sie eine Auflistung mit den wichtigsten Punkten, die Sie bei der Festlegung Ihres Seitennamens berücksichtigen sollten. Da sich die Richtlinie zwischenzeitlich geändert haben könnte, ist es wichtig, auf Facebook die aktuelle Version abzurufen. Im Anhang finden Sie den Link dazu.

Generell:

Auf jeden Fall sind Begriffe oder Ausdrücke verboten, die missbräuchlich sind oder die Rechte einer Person verletzen.

Im Seitennamen dürfen keine irreführenden Wörter verwendet werden. Es darf niemals der Eindruck erweckt werden, dass Sie der Verwalter einer Seite sind, zu dessen Führung Sie nicht befugt sind. Gebrauchen Sie keine Markennamen, die Sie nicht ausdrücklich benützen dürfen. Aus diesem Grund sind auch alle beliebigen Variationen des Wortes „Facebook" verboten.

Weiters ist untersagt, Seitennamen nur mit allgemeinen Begriffen (wie zum Beispiel Brot, Hotel oder Auto) oder geografischen Standorten (wie zum Beispiel Wien) zu betiteln.

Weiters:

Facebook untersagt eine inkorrekte Großschreibung. Seitennamen müssen demnach eine grammatikalisch richtige Großschreibung verwenden. Eine ausschließliche Verwendung von Großbuchstaben ist ebenso untersagt, außer bei Akronymen. Laut Wikipedia entstehen Akronyme dadurch, dass Wörter oder Wortgruppen auf ihre Anfangsbestandteile reduziert werden.

Eine zu lange Beschreibung (etwa ein Slogan) ist genauso verboten wie die Verwendung von Symbolen (etwa ®) oder unnötiger Satzzeichen.

Den Seitennamen können Sie bis zum Erreichen von 200 Fans problemlos im Reiter „Infos" ändern.

Der Nutzername, der anzieht

Neben dem Seitennamen verleiht Ihnen Facebook das Recht, eine Webadresse, die auf der ursprünglichen Plattform-Adresse aufbaut, kostenlos zu verwenden. Die erweiterte Webadresse lautet folgendermaßen: www.facebook.com/Nutzername.

Fachleute sprechen hierbei von der sogenannten Vanity-URL, die im laufenden Betrieb im Adressfeld des Browsers angezeigt wird.

Aktuell müssen Sie für Ihren persönlichen Nutzernamen nichts bezahlen, auch wenn dieser für Ihre Marketingaktivitäten extrem wertvoll ist. Denn Ihre Vanity-URL hilft Ihnen, dass Sie Ihre Facebook-Adresse leichter kommunizieren können. Während vor Jahren noch eine bestimmte Anzahl an Fans nötig war, um diese URL einzurichten und damit unzählige Buchstaben und Ziffern aus der Facebook-Adresse verbannen zu können, geht die Einrichtung nun viel einfacher. Sie passiert in der Regel im Seitenerstellungsprozess und geht hier sehr einfach vonstatten. Sie müssen dazu keine Web- oder Programmierkenntnisse besitzen.

Achten Sie auch beim Nutzernamen darauf, dass Sie keine Markenrechtsverletzung begehen. Dies kann passieren, wenn Sie einen Begriff verwenden, der als Marke registriert und somit geschützt ist. Wie schon erwähnt, finden Sie im Anhang Links, wo Sie Markenrechtsabfragen durchführen können.

Richtlinien für Nutzernamen

Auch im Bereich des Nutzernamens hat Facebook Richtlinien zusammengefasst. Diese lauten:

Generell:

Ein Nutzername („Vanity-URL") kann nur einmal für eine Seite angelegt werden, womit jede Vanity-URL ein Unikat ist.

Bei einer Unterscheidung von Nutzernamen werden Punkte („.") und Großschreibung nicht berücksichtigt. Demnach sind zum Beispiel „maxmustermann33" und „max.mustermann.33" der gleiche Nutzername.

Ein Nutzername ist nicht übertragbar und kann nur einmal geändert werden. Nur Administratoren haben die Berechtigung, den Nutzernamen einer Seite zu ändern.

<u>Weiters:</u>

Bei Nutzernamen sind nur alphanumerische Zeichen (A-Z, 0-9) oder Punkte („.") erlaubt. Sie benötigen eine Mindestlänge von fünf Zeichen und dürfen keine generischen Begriffe oder Erweiterungen enthalten, wie zum Beispiel „.com" oder „.net.". Manche Firmen umgehen das Verbot der generischen Hinweise, indem sie diese ohne Punkt und in Großbuchstaben umsetzen.

Bevor ein Nutzername erfasst wird, gilt es zu prüfen, ob dieser der von Facebook festgelegten Erklärung zu den Rechten und Pflichten entspricht. Der Link zu den aktuellen Richtlinien befindet sich im Anhang.

AUSFÜHRLICHE UNTERNEHMENSBESCHREIBUNG

Legen Sie sich zeitgerecht einen Text für Ihre „Kurze Beschreibung" zurecht, die Facebook nach der Veröffentlichung Ihrer Seite automatisch eingeblendet. Je aussagekräftiger dieser Text auf Ihrer Startseite ist, desto besser verstehen Besucher Ihrer Facebook-Seite, wer Sie sind und was Sie anbieten. Heben Sie hervor, was Sie von anderen Firmen unterscheidet und erleichtern Sie so bei „Neuankömmlingen" das gute Gefühl, „an der richtigen Adresse" gelandet zu sein.

⇨ *Zuerst die Web-Adresse*

Setzen Sie an den Beginn Ihrer Kurzbeschreibung die Adresse Ihrer Firmenhomepage. Damit helfen Sie Ihren Besuchern, sich Ihren Namen einzuprägen.

Wie Sie auch später noch mehrmals davon lesen werden, sollte es immer Ihr Ziel sein, Facebook-Besucher auf Ihre Website weiterzuleiten. Warum? Weil Sie nur auf Ihrer eigenen Homepage die Kontaktdaten interessierter User abfragen und „entgegennehmen" sollten. Die Königsdisziplin wäre, wenn Sie es schaffen, dass sich die Gäste Ihrer Homepage in Ihren Newsletter-Verteiler eintragen. So können Sie sichergehen, dass Ihnen keine rechtlichen Fehler unterlaufen. Sicherlich ist Ihnen bekannt, dass es gesetzlich untersagt ist, Leuten ungefragt und ohne deren ausdrückliche Zustimmung einen Newsletter zu senden. Auf Ihrer Website können Sie dem entgegenschreiten und die gesetzlichen Vorgaben einhalten.

Es stellt sich Ihnen möglicherweise jetzt die Frage, warum hier der Newsletter ins Spiel gebracht wird. Wenn Sie regelmäßige elektronische Aussendungen losschicken, bleiben Sie mit höherer Wahrscheinlichkeit im Gedächtnis potenzieller Kunden.

Und das ist wichtig weil bereits mehrere Studien ergeben haben, dass Leute meist nicht sofort ein Produkt kaufen wollen, sondern dies erst zu einem späteren Zeitpunkt. Aus diesem Grund müssen Unternehmer genau dann im Bewusstsein eines Interessenten auftauchen, wenn dieser den Kaufabschluss tätigen will. Und dies gelingt, in Kombination mit passenden Facebook-Nachrichten, am ehesten mit einem Newsletter. Falls Sie noch keine elektronischen Rundschreiben versenden, mag dies ein Anstoß sein, nun darüber nachzudenken. Es könnte sich für Sie lohnen und Ihren Umsatz rapide ansteigen lassen.

Es gibt gleich mehrere Gründe, warum Sie bei einem Facebook-Engagement auch unbedingt danach trachten sollten, die Kontaktdaten Ihrer Fans abzufragen:

Die Plattform behält sich das Recht vor, die Daten von Fans zu verschweigen und nicht an Unternehmen weiterzugeben. Das erklärt auch warum es aus meiner Sicht keinen Sinn macht, Anzeigen zur Gewinnung neuer Fans zu schalten. Sie erhalten keine Kontaktdaten und verlieren die neu hinzu gekommenen Fans unter Umständen rasch wieder aus den Augen. Etwa dann, wenn Ihre Nachrichten diesen Usern nicht mehr eingeblendet werden, etwa aufgrund eines fehlenden Interaktionsverhaltens. Hier ist die Gefahr groß, dass das Sprichwort „Aus den Augen aus dem Sinn" zum Tragen kommt, und die neuen Fans mangels persönlicher Verbundenheit nicht mehr zu Ihnen zurückfinden.

Stellen Sie sich vor, das Schlimmste passiert, und das Netzwerk wird gehackt. Sollten Ihre Fans gelöscht werden, wären alle Daten Ihrer potenziellen Umsatzbringer verloren.

Zuletzt noch eine Thematik, die gar nicht so weit hergeholt ist und durchaus Realität werden kann: Wenn Facebook beschließt, ungeheuer hohe Kosten für die Plattformnutzung einzufordern? Auch wenn wir jetzt den Teufel an die Wand malen, könnte es passieren. Vielleicht nicht in der oben skizzierten, aber möglicherweise in abgeschwächter Form. Wer weiß?

Alle diese Gründe sollten Sie motivieren, folgende Erfolgsformel zu beherzigen: Auf Facebook werden Sie von potenziellen Kunden gefunden, das Geschäft wickeln Sie aber auf Ihrer Homepage ab.

Nutzen Sie die ungeheure Anziehungskraft der Plattform und präsentieren Sie sich mit geringen Kosten einem Riesenpublikum. Mit der erfolgreichen Weiterleitung auf Ihre Homepage setzen Sie den nächsten Meilenstein, der schlussendlich zu einem Verkaufsabschluss führen soll. Denn darum geht es. Facebook soll Ihnen helfen, Interessenten für Ihre Produkte zu finden und diese in Kunden umzuwandeln. Ihr Aufwand muss sich lohnen und Bares in Ihre Kasse spülen. Und zwar nicht nur einmal, sondern öfter.

Analysen haben ergeben, dass es viel gewinnbringender ist, wenn bestehende Kunden ein weiteres Mal bei Ihnen einkaufen. Denn die Kosten für eine Neuakquise sind um ein Vielfaches höher als wenn Sie bestehende Kunden ein weiteres Mal bedienen. Damit aus Ihren Kunden gewinnankurbelnde Stammkunden werden, kann Ihnen Facebook gut weiterhelfen. Sie bleiben über die Plattform leichter im Gespräch und können zeitnah über interessante Angebote informieren. Es gelingt, kurzfristig Aktionen einzurichten, wenn Sie immer und immer wieder die gleichen Produktanfragen von Kunden erhalten. Sie können entscheiden, eine Aktion durchzuführen und schon einen Atemzug später auf Facebook Ihr neues Angebot präsentieren. Man trifft eine Entscheidung und setzt sie um. Und beflügelt damit den Umsatz.

Aber kommen wir noch einmal an den Ausgangspunkt zurück: „Vergessen" Sie niemals, dass Sie von Leuten, die auf Ihre Homepage gelangen, die Kontaktdaten lukrieren müssen. Ansonsten bleibt der Besucher nur ein Gast, und er verwandelt sich nicht in einen Kunden. Aber genau das sollte Ihre Website für Sie erreichen: Interessenten in Kunden verwandeln. Da Facebook Ihnen die Kontaktdaten Ihrer Interessenten nicht verrät, liegt es an Ihnen, sie auf Ihrer Website einzuheben.

⇨ *Inhaltlich auf den Punkt kommen*

Facebook stellt mehrere Platzhalter für Sie bereit, damit Sie

Ihren Besuchern ausführliche Unternehmensbeschreibungen bieten. Nutzen Sie das Angebot! Füllen Sie die angebotenen Flächen mit den wichtigsten Punkten aus und beschreiben Sie diese so ausführlich wie möglich. Die Praxis zeigt, dass viele Texte viel zu oberflächlich sind und keinen Eindruck davon vermitteln, was genau das Unternehmen anbietet. Diesen Fehler sollten Sie nicht begehen,

Unterliegen Sie nicht dem Fehler zu glauben, dass interessierte Menschen auf Ihre Website kommen, um mehr über Sie oder Ihre Produkte zu erfahren. Das tun Sie nicht. Facebook-User wollen in der Regel auf der Plattform bleiben und sich weiter unterhalten. Nur wenn Sie Glück haben, wechselt jemand auf eine Website abseits der Plattform um sich über ein Angebot zu informieren.

Sehen Sie die Facebook-Seiteninfo, wo Ihre Unternehmensbeschreibung später zu finden sein wird, als verlängerten Arm Ihrer Homepage. Schon dort sollten Sie Ihre Leser so aussagekräftig wie nur möglich über Ihre Dienste informieren. Leute, die sich eine „Seiteninfo" ansehen, wollen dort Informationen finden. Stellen Sie daher alle relevanten Aspekte zusammen und befüllen Sie damit alle entsprechenden Bereiche.

Manchmal macht es Sinn, neu erstellte Firmenportraits einer unbeteiligten Person zu zeigen, um die Verständlichkeit des Textes zu prüfen. Wenn Sie nicht sicher sind, ob alles erfasst und verständlich erklärt wurde, greifen Sie auf diese Möglichkeit zurück. Bestimmt gibt es in Ihrem Umfeld jemanden, der Ihnen dabei behilflich sein kann und den Text einer kritischen Prüfung unterzieht. Ehrliches Feedback kann Ihnen helfen, Ihren Text zu optimieren und verständlicher zu formulieren. Und das ist wichtig, weil Sie in kurzer Zeit viel transportieren müssen. Je klarer und treffender Ihr Text formuliert ist, desto eher steigt die Chance für einen neuen Kunden, oder zumindest einen neuen Facebook-Fan.

⇨ *Die wichtigsten Schlüsselworte*

Genau wie Ihre Website sollten Sie auch Ihren Facebook-Auftritt mit den wichtigsten Schlüsselbegriffen versehen, und diese in der „Info" abspeichern. Es stehen Ihnen dort zwei Bereiche zur Verfügung: die Zeile „Themen" und die „Kurze Beschreibung". Setzen Sie dort jene Begriffe ein, die genau das wiedergeben, was Sie anbieten. Überlegen Sie, welche Begriffe Ihre Leistungen und/oder Produkte am treffendsten beschreiben.

Im Bereich "Themen" können Sie festlegen, welche Worte für Sie relevant sind. Facebook räumt Ihnen hier Platz für drei Ausdrücke ein.

Relevanter für Unternehmensseiten ist jedoch die "Kurze Beschreibung". Dort stehen Ihnen 155 Zeichen zur Verfügung, mit denen Sie Ihre Firma in knapper Form vorstellen können. Dieser Text wird anschließend gut sichtbar auf Ihrer Facebook-Startseite eingeblendet. Legen Sie Wert darauf, hier eine aussagekräftige Beschreibung einzutragen, sodass jeder Gast sofort erkennt, in welchem Bereich Sie tätig sind. Vergessen Sie dabei nicht, Ihre zentralen Schlüsselbegriffe unterzubringen. Nutzen Sie auf jeden Fall das Platzangebot, dass Ihnen Facebook zur Verfügung stellt und zeichnen Sie ein möglichst genaues Bild über Ihre Produktpalette.

„Zentrale Schlüsselbegriffe" – was ist denn das?

Überlegen Sie, mit welchen Produktkategorien sich Ihre Firma beschäftigt. Versuchen Sie, mindestens sechs bis acht Begriffe zu finden, die Ihr Angebot so gut wie möglich beschreiben.

Verwenden wir als Beispiel eine Werbeagentur, die ausschließlich in der grafischen Gestaltung, und hier wiederum im Printbereich tätig ist. Häufige Produkte sind Folder, Visitenkarten, Menükarten, Imagebroschüren, usw. Mit dieser Aufstellung sind bereits die wichtigsten Schlüsselbegriffe gefunden: Werbeagentur, Printbereich, Folder, Visitenkarten, Menükarten, usw. Ergänzen könnte man noch das Bundesland oder die Region, in dem die Firma tätig ist. Falls man auf außergewöhnliche Produktionsverfahren setzt, sollten diese hier ebenfalls angegeben werden.

Wenn Sie nun eine Reihung der Produktkategorien (bei der Werbeagentur wären dies die Folder, die Visitenkarten, usw.)

durchführen, etwa nach der Gewinnträchtigkeit, erkennen Sie die wichtigsten Fachgebiete Ihres Betriebes. So sind Sie folglich in der Lage, diese verstärkt zu kommunizieren.

Denken Sie daran, diese Keywords auch auf Ihrer Website zu hinterlegen. Falls das noch nicht der Fall ist, wäre jetzt ein Zeitpunkt, dies nachzuholen.

VISUELLE GESTALTUNG

Kennen Sie den Spruch „Ein Bild sagt mehr als tausend Worte"? Das gilt auch auf Facebook. Nutzen Sie die Möglichkeit, Besucher Ihrer Firmenseite sofort von Ihren Qualitäten und Ihrer Professionalität zu überzeugen. Facebook stellt Ihnen hierfür mehrere Möglichkeiten zur Verfügung, die wichtigste davon ist wohl das große Bild. Das „Titelbild" sticht sofort ins Auge, er eine Unternehmensseite aufgerufen wird.

⇨ *Das Titelbild als wertvoller Eyecatcher*

Recht gelungene Beispiele für aussagekräftige Titelbilder finden sich immer wieder bei *Joseph Brot, Grossauer Edelkonserven, Rita bringt's* oder beim *Zoo Vienna Schönbrunn*. Warum wir hier von *immer wieder* sprechen? Weil sich dahinter ein wertvoller Tipp verbirgt: Ändern Sie von Zeit zu Zeit Ihr Titelbild! Ohne Ihr weiteres Zutun erhalten Fans Ihrer Seite die Information zu Ihrem Bilderwechsel und können diesen so ganz einfach goutieren. Damit offenbart sich für Sie eine weitere Chance, dass Sie „Gefällt mir"-Klicks, Kommentare und Teilungen einsammeln. Das Gleiche gilt übrigens auch für das kleinere Profilbild, das im Titelbild in der unteren linken Ecke untergebracht ist und neben Ihrem Seitennamen zu finden ist. Wenn Sie dieses auswechseln, werden Ihre Fans darüber informiert.

Bedenken Sie, dass das Titelbild eine wunderbare Chance für Sie bietet, sich von Ihren Mitbewerbern abzuheben. Seien Sie anders als die Anderen und begrüßen Sie Ihre Fans herzlich! Weisen Sie auf Ihre Firmenphilosophie hin und zeigen Sie Ihre Produkte. Seien Sie sich dessen bewusst, dass das Titelbild ein wunderbarer Kommunikator ist, der (hoffentlich) in einer Sekunde verrät, wer Sie sind und was Sie anbieten. Verzichten Sie auf selbstgemachte Fotos aus Ihrem privaten Fotoarchiv, nicht einmal zum Start Ihrer Facebook-Aktivitäten. Treten Sie von Anfang an professionell auf und rücken Sie Ihre Firma ins rechte Licht. Engagieren Sie gegebenenfalls einen Experten der Ihnen dabei behilflich ist. Setzen Sie bei Ihrem Titelbild auf die Darstellung von Mitarbeitern, Produkten oder besonderen Angeboten. Interessant kann auch die Abbildung Ihres Firmengebäudes, des Einganges oder der Räumlichkeiten sein. Nur wenn Sie zeigen wer Sie sind, kann man Sie kennenlernen! Bedenken Sie stets: Niemand hat eine zweite Chance für einen guten ersten Eindruck.

Falls Sie mehrere Themengebiete belegen, bietet sich an, dass Sie Ihr Titelbild aus mehren Fotos zusammenstellen. Sie müssen dabei berücksichtigen, dass Sie nur fertige Dateien hochladen können, da auf der Facebook-Plattform keine Änderungen möglich sind. Das Titelbild muss also schon vor dem Hochladen in der entsprechenden Form gestaltet und abgespeichert sein. Die Plattform ermöglicht lediglich das Verschieben eines Bildes, sodass Sie es besser positionieren und ausrichten können.

Nachdem Sie ein Bild als Titelbild auserkoren haben, sollten Sie überlegen, mit welchen Zusatzinformationen Sie Ihr Foto bereichern sollten. Mit einem simplen „Herzlich willkommen" schaffen Sie nicht nur eine freundschaftliche Stimmung, Sie heben sich auch noch massiv von anderen Seiten ab. Und genau das ist es was wichtig ist auf einem Portal, das vor allem auf zwischenmenschliche Kommunikation setzt!

Schaffen Sie einen Unterschied zu den zigtausenden Seiten und schenken Sie Ihren Gästen auf Ihrer Facebook-Seite eine freundliche Begrüßung. Es wird Sie wahrscheinlich niemand darauf ansprechen, aber bemerken werden es viele. Und genau darum geht es. Schritt für Schritt eine Abweichung zu anderen Seiteninhabern herzustellen. Denn der Unterschied macht den Unterschied!

Wenn Sie in professioneller Weise von sich reden lassen, nimmt man Ihnen den Wert Ihrer Leistung bzw. Ihres Produktes eher ab. Dies wiederum hemmt die Wahrscheinlichkeit, dass Kunden ständig über Ihren Preis verhandeln wollen. Denn jeder weiß: Sie sind Ihren Preis wert. Und das zeigen Sie auch durch Ihren professionellen Facebook-Auftritt.

Überlegen Sie, mit welchem Bild und mit welcher ergänzenden Aussage Sie einen Unterschied zu anderen Firmen generieren können. Ein erster Ansatz ist Ihre Firmenphilosophie, weil diese genau das wiedergibt, wofür Ihr Unternehmen steht. Geben Sie Preis, was Ihnen wichtig ist und warum Kunden bei Ihnen gut aufgehoben sind. Berichten Sie von Ihren Werten und was Sie tun, damit Kunden mit Ihren Leistungen zufrieden sind. Ein recht gutes Beispiel dazu war ein, leider mittlerweile nicht mehr verwendetes Titelbild von *Joseph Brot*. Es zeigte den Eingangsbereich des ersten Geschäftes und verdeutlichte so auf äußerst sympathische Weise die Firmenphilosophie, die rechts neben der Eingangstür auf einer Plexiglastafel niedergeschrieben wurde. Sie lautet sinngemäß: „Bio ohne wenn und aber. Zum Frühstück, in der Mittagspause. Fürs Abendbrot. Und zwischendurch." So wissen Kunden sofort, was dem Firmenchef wichtig ist und wann seine Produkte zu genießen sind. (Das Bild ist übrigens noch auf der Website unter http://www.joseph.co.at/ueber-joseph abrufbar.)

Eine weitere Idee wäre, auf Ihre Produktpalette und Ihren Standort zurückzugreifen. Gestalten Sie einen Satz, der die Vorteile Ihrer Produkte hervorhebt. Finden Sie dazu zuerst einen aussagekräftigen Überbegriff, der Ihr Angebot treffend beschreibt. Dann erweitern Sie diesen mit einem Wort, der Ihren Qualitäts- und/oder Preisanspruch verdeutlicht. Aus Marketing-Sicht bieten sich hierzu die Begriffe „kostbar" oder „preiswert" an. Falls Sie eine andere Bezeichnung verwenden möchten, können Sie die beiden Worte für die Suche nach passenden Synonymen verwenden. Sie erhalten etwa auf http://synonyme.woxikon.de recht gute Alternativvorschläge.

Zuletzt ist es ratsam, die gefundenen Worte mit der Region, in der Sie zuhause oder tätig sind, zu verbinden. Verdeutlichen Sie Ihren Fans, wo Sie zu finden sind und rücken Sie damit noch ein Stück näher an potenzielle Kunden. Wenn diese wissen, dass Sie in ihrer Nähe sind, sind diese im Bedarfsfall eher bereit, Ihnen einen Besuch abzustatten. Und wenn schon nicht im Geschäft, dann vielleicht in Ihrem Online-Shop oder auf Ihrer Website.

Eine recht schöne Beschreibung findet sich etwa auf der Facebook-Seite von *Grossauer Edelkonserven*. Das Titelbild beinhaltet neben dem Logo nicht nur eine wunderbare Darstellung der Produkte, sondern auch den Spruch "Kostbares aus dem Kamptal von Hand verarbeitet." Treffender könnte man nicht beschreiben, wofür das Unternehmen steht.

⇨ Das Profilbild, bei jeder Meldung mit dabei

Im Zuge des Seitenerstellungsprozesses können Sie auch Ihr Profilbild hochladen. Dieses Bild erscheint anschließend als kleines Porträt unten links innerhalb des großen Titelbildes, als auch bei jedem Kommentar, den Sie bei einer Nachricht abgeben.

Bei der Auswahl des Fotos ist darauf zu achten, dass die zur Verfügung gestellte Bildfläche bei Kommentaren extrem klein erscheint. Das gewählte Foto muss also auch auf kleiner Bildfläche einsetzbar sein und Ihr Thema ideal repräsentieren. Schon auf den ersten Blick sollte erkennbar sein, worum es sich bei Ihrer Firma dreht.

Viele Firmen setzen ihr Logo als Profilbild ein oder ein Bildnis, dass unverkennbar mit dem Unternehmen verknüpft ist. Bei Ein-Personen-Unternehmen wird häufig das Portrait des Firmeninhabers verwendet. Idealerweise sieht dabei die abgebildete Person nach „nach innen" und nicht nach außen. Falls die Person auf dem Bild in die „falsche Richtung" blickt, könnte das Foto gegebenenfalls gespiegelt werden, sodass sich die Blickrichtung ändert. Wenn Sie auf solche Feinheiten achten, erscheint Ihr Facebook-Auftritt professioneller - und dies überträgt sich möglicherweise auch auf die Wahrnehmung der von Ihnen gelieferten Produktqualität. Wenn Sie im Mittel- oder Hochpreissegment tätig sind, ist die Beachtung solcher Kleinigkeiten unerlässlich.

⇨ Das Corporate Design fortsetzen

Achten Sie bei der Auswahl Ihrer Bilder darauf, dass auch in den sozialen Medien das Corporate Design Ihrer Firma fortge-führt wird. Das bedeutet, dass sich alle gestalterischen Elemen-te, die Sie etwa auf Ihrer Visitenkarte, Ihrer Website, in Ihren

Räumlichkeiten, usw. verwenden, auch auf Facebook wiederfinden. Ein Beispiel dazu wäre etwa Ihre Firmenfarbe; wenn Sie überall mit einen bestimmten Blauton auftreten, muss sich dies auch auf Facebook fortsetzen. Ihr Logo sollte sich ebenso wiederfinden, eventuell auch auf den Fotos, die Sie posten. Sie könnten Ihre Bilder dezent mit Ihrer Homepage-Adresse versehen. „Branden" (markieren) Sie Ihre Mitteilungen, sodass unmissverständlich wird, wer der „Absender" ist. Nutzen Sie die Kraft von Facebook um Ihre Marke(n) zu stärken, und drücken Sie allen Ihren Botschaften Ihren „Stempel" auf.

⇨ *Exkurs: Nutzung von Bilddatenbanken*

Wenn Sie bei Ihren Nachrichten Fotos verwenden wollen, die Sie nicht selbst erstellt haben, können Sie auf die Dienste von Bilddatenbanken zurückgreifen. In diesem Fall ist es wichtig, sich mit verschiedenen rechtlichen Erfordernissen auseinander zu setzen. Ein Tipp vorweg: Befolgen Sie unbedingt die Lizenzbedingungen der Plattform und lesen Sie diese vor dem Download von Bildern genau durch. Unwissenheit schützt auch hier vor Strafe nicht!

Bitte überprüfen Sie bei jedem Foto, das Sie aus dem Internet herunterladen (egal von welcher Quelle), ob dieses für Ihre Einsatzidee verwendet werden darf. Viele Fotos dürfen in sozialen Netzwerken nicht verwertet werden, weil bestimmte Rechte beim Hochladen des Bildes auf Facebook übergehen.

Ein weiteres wichtiges Thema sind die Urheber-Angaben, die bei jedem Foto angeführt werden müssen. Häufig sind die Informationen zu Namensnennung und Veröffentlichungsort fehlerhaft (das heißt, wo welche Angaben publiziert werden müssen). Die Nichteinhaltung von Nutzungsbedingungen kann ohne weiteres zu einer teuren Abmahnung führen.

Sie finden im Internet zahlreiche Blogs, die immer wieder neue Datenbanken aufspüren und in ihren Beiträgen vorstellen. Eine recht übersichtliche und präzise recherchierte Übersicht findet sich etwa auf www.sandraholze.com, wenn Sie mit dem Stichworten „Bilddatenbank" und „Facebook" recherchieren.

INTERAKTIONSFOKUSSIERTE KOMMUNIKATION

Wenn Sie sich entscheiden, eine Unternehmensrepräsentanz auf Facebook einzurichten, gelten neue Gesetze für Sie. Wer auf dieser Plattform Erfolg haben möchte muss sich darauf einstellen, dass die Unternehmenskommunikation hier ganz anders ablaufen muss, als auf allen anderen Kanälen.

Es gilt sich zu verabschieden von klassischen Werbefloskeln, die Sie möglicherweise auf Ihrer Homepage oder in Ihrem Folder einsetzen. Facebook ist nicht der Ort, an dem über Produktnutzen oder besondere Produktvorteile gesprochen wird. Es ist der Platz, an dem erfolgreiche Firmen vor allem auf eines setzen: Auf ihre Authentizität.

Gestalten Sie Ihren Facebook-Auftritt sympathisch, persönlich und „greifbar" in dem Sinne, als Chef und Mitarbeiter laufend präsentiert werden. So befinden Sie sich bald auf der Siegerstraße und können die Vorteile, die Facebook Ihnen bietet, voll ausspielen.

⇨ *Neuland Facebook-Kommunikation*

Die wichtigste Regel kommt gleich zu Beginn, weil sie Sie möglicherweise an neue Herausforderungen stellt. Es gilt, Abschied zu nehmen von der klassischen „Einbahnstraßen-Kommunikation", bei der Firmen eine Botschaft nach außen senden und allenfalls gar keine Rückmeldung dazu erwarten.

Auf Facebook ist das anders. Erfolgreiche Kommunikation muss in beide Richtungen laufen: Vom Unternehmen zum User, vom User zum Unternehmen. Ein kontinuierlicher Dialog ist das Gebot der Stunde. Facebook-Nutzer sind es gewohnt, Nachrichten mit einem „Gefällt mir" zu markieren, zu kommentieren oder zu teilen und damit in ihren eigenen Nachrichten-strom zu transferieren. Firmen müssen mit all diesen Praktiken umgehen können und diese in optimaler Form für sich nutzen.

Vor allem der Stil des geforderten Austausches bereitet vielen Mühe: Nämlich darauf zu achten, dass in den Botschaften ein besonderes Maß an Emotionalität mittransportiert, und so eine persönliche Nähe aufgebaut wird.

Firmen, die es gewohnt sind, im Allgemeinen recht „straight" zu kommunizieren, trifft die Forderung nach emotionalen Meldun-gen oft besonders hart. Denken Sie an Steuerberater, Rechts-anwählte oder andere Berufsgruppen, die sich stets an genauen Regeln und Abläufen orientieren und dies gewöhnlich auch in ihrer Kommunikation fortsetzen. Eine zu formale „Sprache" auf Facebook-Seiten führt dazu, dass die Botschaf-ten keinen Zugang zu den Usern aufbauen und diese in der Folge nicht darauf reagieren. Die „Sprache" ist nicht die gleiche und so mancher Leser fühlt sich mit den Inhalten überfordert. Was man nicht versteht, wird negiert – und ignoriert. Wenn dies zu häufig passiert, sinkt nach und nach die Beitragsreichweite. So erreicht man – nur aufgrund einer unpersönlichen Formulie-rung - viel weniger Menschen, als es grundsätzlich möglich wäre. Von daher ist es immer wichtig zu bedenken, dass an emotionalen Nachrichten kein Weg vorbeiführt. Wollen Sie sich nicht darauf einlassen, kann viel Potenzial auf der Straße liegen bleiben.

⇨ *Was Facebook-Fans interessiert*

Wenn ein Facebook-Nutzer auf einer Unternehmensseite den „Gefällt mir"-Button klickt, wünscht er sich, laufend aktuelle Neuigkeiten von dieser Firma zu erhalten. Es ist ihm wichtig zu erfahren, was gerade passiert und was es sonst noch firmen-seitig zu berichten gibt. Fans lieben Insiderinformationen aus allen Ecken und Enden. Was sich dabei in der Praxis schon oft besonders gut bewährt hat, zeigen die nachfolgenden Seiten.

Tiefgehende Einblicke in das Unternehmen. Nutzen Sie die Echtzeitkommunikation auf Facebook, um aktuelle Neuigkeiten auf breiter Ebene zu kommunizieren. Gewähren Sie einen

„Blick über Ihre Schulter" und zeigen Sie sich in Ihrem Unternehmen an interessanten, und möglicherweise sonst unzugänglichen Orten. Facebook-Fans lieben es, einen Blick in das Kreativ- oder Designlabor, in die Küche, auf den Arbeitsplatz, usw. werfen zu können. Je mehr Sie von sich und Ihrer Firma zeigen, desto „verbundener" fühlen sich Ihre Fans mit Ihnen. Und bei Freunden kauft man für gewöhnlich lieber ein als bei Betrieben, die man nur vom Hörensagen kennt.

Plaudern Sie daher aus dem Nähkästchen und erklären Sie, warum die Firma gegründet wurde, stecken Sie die Meilensteine des Betriebes ab, berichten Sie über Produkte, skizzieren Sie Ihre Projekte und Erfolge, Auszeichnungen, Medienberichte, usw. Informieren Sie Ihre Fans, wenn Sie auf Messen oder Ausstellungen sind und sich die Möglichkeit ergibt, Sie persönlich zu treffen.

Auf der Facebook-Seite der *„Bäckerei Therese Mölk"* finden Sie viele gute Beispiele, wie Fans hinter die Kulissen einer Firma blicken können.

Persönlichkeit! Zeigen Sie, wer Sie sind. Gestatten Sie Ihren Facebook-Fans, Sie wirklich kennen zu lernen und Ihre Qualitäten zu schätzen. In diesem Zusammenhang ist es durchaus legitim, wenn Sie auch persönliche Informationen mit ins Spiel bringen, etwa wenn Sie heiraten, Ihre Familie wächst, Sie übersiedeln, usw. Facebook als hochemotionale Plattform liebt Informationen aus der Privatsphäre, und wenn Sie sich darauf beziehen, fördert das die „Beziehung" zu Ihren Fans.

Unternehmer sind im Prinzip immer ein „Unternehmer", selbst in der Freizeit. Die Privatperson rückt in den Hintergrund und im Vordergrund steht die Prägung als Firmenchef. Sie wirkt viel stärker als bei angestellten Personen; schließlich steht ein Großteil der Bevölkerung in einem Beschäftigungsverhältnis, und nur wenige sind selbständig. Dies unterstreicht ein weiteres Mal die Zweckdienlichkeit, Details aus Ihrem Privatleben zu verraten – jedoch nur dann, wenn sich diese auch mit einem erfolgreichen Unternehmertum vereinbaren lassen.

Versuchen Sie stets, Ihre Kommunikation in eine positive Richtung zu lenken. Verraten Sie soviel, dass man Sie als Mensch besser kennen lernt und vermeiden Sie heikle Gesprächsinhalte. Wenn Sie Bedenken haben, ob sich ein Thema für eine Meldung eignet, lassen Sie es lieber aus. Sie finden sicherlich eine andere Botschaft, die Sie mit höherer Sicherheit zu einer Erfolg bringenden Nachricht führt. Die zahlreichen Nachrichtenideen im zweiten Teil dieses Buches helfen Ihnen dabei.

Eine Firma, die in diesem Bereich besonders hervorsticht, ist die Seite von *Sonnentor*. Regelmäßig und ausgiebig stehen die Werte des Unternehmens im Rampenlicht. Der Chef präsentiert diese an vorderster Front und verkörpert gezielt, wofür man steht und wie dies im Unternehmen umgesetzt wird. Seiten, auf denen der Geschäftsführer ebenso präsent im Vordergrund steht, gibt es nicht viele. Gute Beispiele finden sich noch bei *Manomama* und bei *Zotter-Schokoladen*.

Menschen nach ihrer Meinung fragen. Facebook ist eine Plattform, auf der sich die User vor allem auf emotionalen Pfaden bewegen, von daher „menschelt" es mehr als auf anderen Kanälen. Wenn jemand eine andere Person um seine Meinung bittet, ist dies unausgesprochen, aber dennoch ein Ausdruck von Wertschätzung. In den seltensten Fällen gilt man dann als „unklug" oder „dumm".

Leider werden wichtige Zielgruppen in der Praxis viel zu selten befragt, und genau dafür ist Facebook prädestiniert. In Echtzeit erhalten Sie Feedback zu Ihrer Frage, vielleicht nicht gerade in statistisch korrekter Ausprägung, aber dennoch als wertvolle Rückmeldung. Sie erreichen Menschen verschiedenster Ebenen und gewinnen mit ihnen Einblicke in ihr persönliches Gedankengut. Und das völlig freiwillig, topaktuell und nebenbei auch noch kostenlos.

Recht geschickt inszenierte Meinungsumfragen erfolgen auf der Seite von *„Stick & Style"*, wo sie oft in Gewinnspiele verpackt werden. Die Teilnahme ist meistens recht einfach und zum Beispiel mit der Nennung eigener Projektideen, fehlender Angebote oder von Verbesserungsvorschlägen möglich. Aufgrund der bei der Zielgruppe recht beliebten Preise sind die Teilnahmezahlen meistens beachtlich, zuletzt langten über 3.000 Kommentare in den ersten 24 Stunden ein.

Kreativ dargestellte Produktinformationen. Menschen

lassen sich durchaus für die Produkte eines Unternehmens begeistern und sind auch gerne bereit, derartige Botschaften zu teilen. Erfolg versprechend sind dabei vor allem jene Nachrichten, die gar nicht nach Werbung „riechen" und sich durch ihre kreative Aufmachung auszeichnen.

Facebook-User lieben das Kreative und schätzen es, von Unternehmen auf besondere Art und Weise „abgeholt" und in die Welt des Produkts entführt zu werden. Erzählen Sie die Geschichte des Artikels, woher er kommt, wie er entsteht, wie er sich anfühlt, er erstellt wird, usw. Lassen Sie im Kopf des Lesers ein Bild von Ihrem Produkt entstehen und liefern Sie alle Informationen, damit es sich dort erfolgreich festhaken und einnisten kann. Schließlich soll sich die Person genau in jenem Moment an das Produkt erinnern, wenn sie es erstehen will. In Erinnerung bleibt, wer die richtige Story zu seinem Produkt erzählt, und dies bildhaft untermalen kann.

Wenn Sie es schaffen, im Gedächtnis eines Users zu bleiben, haben Sie es geschafft. Kaufentscheidungen werden in der Regel „im Bauch" getroffen, und dann mit vielfältigen Argumenten rationalisiert. Überzeugen Sie Ihre Fans immer und immer wieder, dass Sie der richtige Ansprechpartner sind und ideale Lösungen anbieten. Zeigen Sie Ihre Ergebnisse und unterstreichen Sie damit fortlaufend Ihre Professionalität. So erreichen Sie, dass Sie immer seltener über Ihren Preis verhandeln müssen.

Als gutes Anschauungsbeispiel lade ich Sie ein, die Seite der *Zotter Schokoladen Manufaktur GmbH* zu besuchen. Hier entdecken Sie wertvolle Anregungen, wie Sie Ihre Produkte eindrucksvoll ins rechte Licht rücken können. Ein Tipp ist auch die unaufdringliche Weiterleitung in den Online-Shop. So erzeugt man für das Produkt nicht nur den Gusto, sondern hilft auch gleich noch mit, es rasch erwerben zu können.

Fachwissen aus erster Hand. Geizen Sie nicht mit Verlinkungen zu Beiträgen, die Sie im Netz veröffentlichen. Weisen Sie dazu großzügig auf vorhandene Blog-Artikel hin, aber auch auf Gastartikel, Präsentationen, Pressemitteilungen, usw. Greifen Sie aktuelle Neuigkeiten regelmäßig auf und zeigen Sie damit Ihre fachliche Kompetenz.

Natürlich können Sie auch auf lesenswerte Beiträge fremder Autoren verlinken. Behalten Sie hierbei jedoch im Hinterkopf, dass Sie Ihre Fans, und damit möglicherweise auch potenzielle Kunden, auf fremde Seiten weiterleiten.

Überlegen Sie, ob Sie zur Darstellung Ihres Know Hows auf einen firmeneigenen Blog setzen wollen. Nach und nach bietet Ihnen dieser einen riesigen Pott teilenswerter Beiträge, auf die Sie regelmäßig verweisen können. Sei es auf Facebook oder auch auf jedem anderen Kanal. Die regelmäßige Bespielung eines Blogs mit neuen Inhalten ist zwar zugegebenermaßen relativ zeitaufwendig, langfristig gesehen aber durchaus lukrativ. Vor allem für Dienstleister ist dieses Werkzeug ein Weg, die vorhandene Kompetenz nachhaltig unter Beweis zu stellen und ohne weiteren Aufwand neue Kunden zu gewinnen.

Blogs sind ein vielversprechender Weg, um den Traffic einer Website zu erhöhen. Viele Firmen klagen darüber, dass ihre Homepage viel zu wenig Besucher anzieht, um daraus Kapital schlagen zu können. Laufend veröffentlichte Blogbeiträge können dem entgegenwirken weil sie mithelfen, dass Firmen in Suchmaschinen besser gefunden zu werden. Dort bei Suchan-fragen eine Spitzenplatzierung auf der ersten Seite zu erhalten wird damit möglich. Neue Beiträge werden treffsicher an jene Personen herantragen, die sich wirklich für Ihr Thema interes-sieren. Dies gelingt, wenn Menschen Stichworte in das Such-feld einer Suchmaschine eintippen, die auch Sie in Ihren Blog-Überschriften verwendet haben.

Wollen Sie erfahren, wie Leute Suchanfragen zu Ihrem Thema formulieren, kann Ihnen die Website http://answerthepublic.com weiterhelfen. Wenn Sie im Feld „Country" *DE* auswählen, erhalten Sie Fragen, die Leute aus Deutschland in Suchma-schinen eingegeben haben. So erfahren Sie auf schnellem Weg, worüber Sie einen Blog-Artikel verfassen, und welche Worte in der Überschrift enthalten sein sollten. Je höher die Übereinstimmung der Headline mit der eingetippten Suchanfra-ge ist, desto weiter oben findet sich der Beitrag in den Sucher-gebnissen.

Wenn Sie auf Facebook von Ihren neuen Beiträgen berichten, treffen Sie damit den Zahn der Zeit: Weil Sie damit jene Fragestellungen aufgreifen, nach denen das Netz schon oft durchsucht wurde.

Ein lehrreiches Beispiel, wie die eigene Kompetenz gekonnt ins rechte Licht gerückt werden kann, bietet die Facebook-Seite des Rechtsanwalts *Thomas Schwenke*. Sie präsentiert auf einfachem und auch für Laien verständlichem Weg, welche Themen im Marketing-, Datenschutz- und Online-Recht gerade am Laufen sind und wie am besten damit umgegangen wird. Werfen Sie hier auch einen Blick auf die Zielorte der Linkverweise um ein Bild darüber zu gewinnen, wie breit und auf welchen Plattformen das vorhandene Know How gesät wird. Lassen Sie sich davon inspirieren, wo Sie Ihre Kompetenz in Form eines Blog- oder Gastartikels anbieten könnten.

Adaptieren Sie gute Ideen. Facebook-Anfänger sollten beim Start eigener Facebook-Aktivitäten ein Auge auf Firmenseiten werfen, die dieses soziale Netzwerk schon recht erfolgreich nutzen. Folgen Sie dazu Seiten, die Sie interessant finden und überlegen Sie, was es genau ist, was Ihnen an dieser Seite gefällt. Halten Sie auch Ausschau nach Firmenauftritten aus anderen Branchen, nicht selten findet man dort erstklassige Ideen, die man in das eigene Business übertragen kann. Einen Besuch sind auch die Seiten wert, die Facebook als Best Practice Beispiele führt – zu finden sind diese im Reiter „Erfolgsgeschichten" auf https://www.facebook.com/business/.

Bitte verwechseln Sie *Adaptieren* nicht mit *Kopieren*. Es schickt sich nicht, Nachrichtentexte anderer Seiten eins zu eins zu übernehmen. Es kann Ihnen durchaus passieren, dass dies bemerkt, und schlimmstenfalls auch an die große Glocke gehängt wird. Lassen Sie Ihrer Kreativität freien Lauf, adaptieren Sie erfolgreiche Ideen, und drücken Sie jeder Meldung Ihren eigenen Stempel auf. Nur dann kann aus einer guten Idee eine noch bessere werden. Wiederholen Sie, was gut funktioniert und zu hoher Interaktion führt.

⇨ *Der durchgängige rote Faden*

Kennen Sie das Gefühl, dass Sie auf einer Facebook-Seite landen, auf der einmal davon und dann wieder von etwas ganz anderem berichtet wird? Man das Gefühl hat, sich durch

„erzwungene" Botschaften durchzuhanteln und es nicht gelingt, den wahren Unternehmenskern herauszufinden? Würden Sie auf solch einer Seite auf den „Gefällt mir"-Button klicken?

Wohl kaum. Dieses ungute Gefühl, das sich beim Besuch so mancher Seite einstellt, hängt oft damit zusammen, dass nicht klar wird, worüber das Unternehmen überhaupt berichten will. Fehlt diese Stimmigkeit, haben es Firmen schwer, neue Fans anzuziehen und bestehende zu halten.

Aus diesem Grund ist es wichtig darauf zu achten, dass die Nachrichten einer gewissen Stringenz unterliegen und die Botschaften einem „roten Faden" folgen. Damit ist gemeint, dass so bald wie möglich festgelegt werden sollte, welche Inhalte in den Botschaften aufgegriffen werden müssen. Die erfassten Eckpunkte sollten dann immer und immer wieder bespielt werden.

Die Wiederholung themenfokussierter Inhalte, oder auch das regelmäßige Aufgreifen bereits veröffentlichter Botschaften ist von essenzieller Bedeutung. Beachten Sie, dass selbst ein interessierter User auf einer Firmenseite wohl selten mehr als zwanzig Nachrichten beachtet. Möglicherweise sind diese dann sogar schon mehrere Monate alt und kaum mehr relevant. Von daher bleiben „ältere" Beiträge häufig ungesehen was einmal mehr verlangt, sie für neue Gäste ein weiteres Mal auf die Bühne zu holen.

Unterhalten Sie etwa einen Laden, Beratungs-, oder Behandlungsräume, sollten Sie alle zwei bis drei Monate Bilder davon auf Ihrer Facebook-Seite posten. Verwenden Sie dazu am besten zwei bis drei Fotos, idealerweise auch eine Aufnahme von außen. Frontansichten kommen bei vielen Fans gut an und werden häufig mit zahlreichen Reaktionen belohnt.

Sieht sich ein Gast Ihre Facebook-Seite genauer an, sollte sich ihm ein immer klareres Bild von Ihrer Firma erschließen. Und dies passiert nur dann, wenn Sie regelmäßig über die wichtigsten Eckpfeiler Ihrer Firma berichten. In diesem Zusammenhang spreche ich gerne von der „Existenzgrundlage" einer Unternehmung. Sie enthält alle „Grundstoffe", die für den Erhalt eines Betriebes notwendig sind. Schon Jungunternehmer sollten sich damit auseinandersetzen und jene Säulen identifizieren, die auf jedem Fall benötigt werden, um das Geschäft „am Leben" zu halten. Wer auf das richtige Fundament setzt, hat das ganze Unternehmensleben lang den Vorteil, immer zu wissen, was in Firmenbotschaften thematisiert werden muss.

⇨ *Existenzgrundlage als Themenvorlage*

Viele Firmen berichten davon, dass es ihnen schwerfällt, „richtige" Meldungsinhalte für Ihre Facebook-Seite zu finden. Einigen fehlen die Ideen, worüber sie berichten sollen, anderen liegt viel daran, ihr Meldungsniveau zu optimieren. Diese Gruppe klagt nicht selten darüber, dass Fans viel zu wenig auf die ausgesendeten Botschaften reagieren.

Häufig liegt die Ursache darin, dass ein „roter Faden" fehlt. Einige von Ihnen stellen sich nun möglicherweise vor, dass es schwierig ist, für eine Facebook-Seite einen roten Faden zu entwickeln. Ich kann Sie beruhigen, das ist es nicht. Abhilfe schaffen kann ein sogenanntes „Themenrad", auf dem alle zentralen Bausteine erfasst und in einfacher Form abgebildet werden. Aufgabe eines Themenrades ist es, relevante Cluster aufzuzeigen und diese regelmäßig für eine Botschaft zu verwenden. So ist gewährleistet, dass Sie erstens wichtige Themen aufgreifen, und zweitens diese abwechselnd präsentiert werden, sodass eine unterhaltende Inhaltsvielfalt spürbar wird.

Um ein solches Themenrad einzurichten ist es wichtig, sich seiner betrieblichen Existenzgrundlage bewusst zu werden. Hierbei gilt es jene Bausteine zu identifizieren, die man der Firma „nehmen müsste", um anschießend den Betrieb einstellen zu müssen. Auf diesem Weg finden sich die wichtigsten Grundstoffe, die nach ihrer Erarbeitung fortlaufend thematisiert werden sollten.

Ein anschauliches Beispiel bietet etwa die Facebook-Seite *„Rita bringt´s"*, die zweifelsohne als österreichisches Best Practice Beispiel präsentiert werden kann. In der Info-Übersicht findet sich folgende Beschreibung: *Wiens frischer vegetarischer Lieferservice! www.ritabrings.at BIO Mittagessen, mit Liebe gekocht, per Lastenfahrrad direkt zu Dir.* Zentral sind hier also die Bereiche *Bio Mittagessen, mit Liebe gekocht* und *per Lastenfahrrad geliefert.* Dementsprechend bewegen sich die Botschaften innerhalb dieser Themenkreise, zuzüglich regelmäßiger Botschaften, in denen die Chefin zu Wort kommt und abgebildet wird.

Zusammenfassend könnte das Themenrad aus den Clustern *Bio Mittagessen, Mitarbeiter und Küche* (von *mit Liebe gekocht*), die *Lastenfahrräder*, die *Chefin* selbst und *Aktuelles* bestehen. Diese Einteilung hilft, regelmäßig alle wichtigen Punkte aufzugreifen und detailliert zu inszenieren. Besuchen Sie die Facebook-Seite und bewerten Sie, wie die Botschaften bei Ihnen ankommen. Lassen Sie sich inspirieren und notieren Sie Ihre Ideen, die Ihnen bei der Seitenanalyse einfallen.

Im Grunde genommen besteht eine Existenzgrundlage immer auf den gleichen Säulen, nur die Ausprägung und Interpretation ist unterschiedlich. Aus diesem Grund kann dieses Konzept auch von jedem Betrieb umgesetzt werden, egal in welcher Branche oder Nische es zuhause ist.

Sollten in Ihrem Arbeitsgebiet alle Betriebe „gleich aussehen" und kaum Unterschiede wahrnehmbar sein, hilft Ihnen die nachfolgende Liste, aus dem Sumpf der Vergleichbarkeit herauszustechen. Greifen Sie die angeführten Themenfelder in Ihren Botschaften auf, kommunizieren Sie damit nicht nur viel inhaltsvoller, Sie schaffen auch noch einen unmittelbaren und sofort hervorstechenden Unterschied zu Ihren Mitbewerbern.

Bespielen Sie die anschließenden Kommunikationsbausteine regelmäßig. Bringen Sie diese abwechselnd auf das Radar Ihrer Fans und helfen Sie ihnen dabei, Ihre Firma noch besser kennen zu lernen. Für eine einfache und rasche Verwertbarkeit habe ich die Cluster mit inspirierenden Stichworten ergänzt. So entsteht für Sie ein riesiger Interpretationsspielraum, bei dem Sie selbst entscheiden können, in welche Richtung Sie Ihre Meldung weiterentwickeln:

1. **Die Person, die hinter der Firma steht:** Impressionen beim „Tun" (Blick über die Schulter), Vorlieben, Werte, persönliche Ziele, größter Motivator (Kaffee, Bild, Lied, Band, usw.), Inspirationsquellen, Quellen der Freude, Pausengestaltung, persönliche Belohnungen, Büro-/Haustier (Katze,

Hund), Hochzeit, runder Geburtstag, Hobbies, Familie, usw.

2. **Produkte:** Neue und bestehende Produkte, Produktideen, Produktgruppen, Ergebnisse bei Kunden, Referenzen, Verwertungstipps, Zusatzleistungen, usw.

3. **Wissen:** Eigene Blogbeiträge, Referententätigkeit, Gastbeiträge, Kurse und Weiterbildungen, usw.

4. **Mitarbeiter:** Neue Mitarbeiter und bestehendes Team, Geburtstage, Firmenterrasse, Visitenkarten, bei der Arbeit, Faschingskrapfen, in kreativen Prozessen, unterwegs im Firmenauto, Weiterbildung, Sicherheitstraining (für Auto, Frauen, usw.), Ehrung, Grillfest, Feier (Geburtstag, Auftrag, usw.), gemeinsames Essen, Mehlspeise, Kaffeetratsch, Firmen-Fitnesscenter, Pausenraum, Firmen-Pool, Businesslauf, Firmenfest, usw.

5. **Arbeitsplatz:** Fotos, Mindmap, Flip-Charts, Blumen, Dekoration, Kalender, Bücherregal, Sonderschichten, Strategiesitzung, einzelne Arbeitsplätze, Skizzen, Reinigungsdame, usw.

6. **Firmengebäude:** Frontansicht des Firmengebäudes, Eingangsbereich, Lagerhallen, Produktion, Parkplatz, Beschilderung vor dem Gebäude, Farben, Motive, Sprüche, usw.

7. **Eingesetzte Geräte/Maschinen:** Werkzeuge, Geräte und Maschinen im Einsatz, technische Hilfsmittel, Service, usw.

8. **Fahrzeuge/Fuhrpark:** Autobeschriftung, Panne, in einer bestimmten Witterungssituation (bei Schnee, Regen, usw.), voll beladener Kofferraum, beladener Bus/LKW, unterwegs im Auto, Polizeikontrolle, niedrige Benzinpreise, etc.

9. **Verbindung von virtueller und realer Welt (Herstellung eines persönlichen Kontakts):** Tag der offenen Tür, Messeteilnahme, Informationsabend, Schnupperkurs, Aktionen, Gewinnspiele, Weiterempfehlungsbonus, Adventkalender, usw.

10. **Was sagen Andere?** Kunden, Geschäfts- oder Projektpartner, Presse- und Medienberichte, Top-10-Platzierung, Award-Nominierung, wohltätiges Engagement, VIPs, Nachbarn, eigene Ausbilder, Gemeindevertreter, Mentor,

Marktbegleiter, Freunde, etc.

Mit dieser Themenvorlage gelingt es jeder Firma, immer die richtigen Botschaften aufzugreifen und dass diese von den Fans als schlüssig wahrgenommen werden. Versuchen Sie, alle Punkte in je einer Meldung umzusetzen. Wenn Sie möchten, können Sie die Punkte der Liste nacheinander abarbeiten und dann wieder von vorne beginnen (von daher kommt übrigens auch der Name „Themenrad"). Was Sie, wenn möglich, auch zwischenzeitlich immer wieder ins Gespräch bringen sollten, sind Postings, in denen der Chef zu Wort kommt, ein Produkt von Ihnen vorgestellt wird oder sie Feedback von anderen erhalten. Das sind die sogenannten Top-Player, die Sie so oft es geht, aufgreifen sollten.

Den Inhaber oder Geschäftsführer einer Firma regelmäßig ins Rampenlicht zu stellen ist auf Facebook nicht nur erwünscht, sondern eigentlich Pflicht. Leider scheuen sich viele Chefs, auf Facebook präsent zu sein. Tests haben ergeben, dass – vor allem bei kleineren und mittleren Firmen – eine Facebook-Seite als „unpersönlich" erlebt wird, wenn sich der Firmenlenker nicht dann und wann in den Nachrichten zeigt.

Firmenlenker und zentrale Führungskräfte sollten sich also regelmäßig auf Facebook präsentieren und in Nachrichten und auf den dazugehörigen Bildern sichtbar sein. Nur so kann es gelingen, eine persönliche Ebene zu Facebook-Fans aufzubauen. Wer sichtbar ist, wird erlebt, und wer erlebt wird, wird nicht so leicht vergessen.

Falls Sie zu den Leuten gehören, die sich wichtige Punkte gerne aufschreiben und in der Nähe Ihres Arbeitsplatzes aufhängen, könnten Sie die Punkte auf einen Zettel übertragen und ausdrucken. So sehen Sie immer auf einen Blick, welche Bereiche laufend thematisiert werden sollten. Ein weiterer Weg wäre, die Punkte in Ihren Redaktionsplan einzutragen und so für eine wiederkehrende Bearbeitung sicherzustellen.

Wenn Sie Ihre Nachrichten mit den dargestellten Inhalten füllen, können Sie versichert sein, von Ihrer Community als lebendig und transparent wahrgenommen zu werden. Sie lassen spüren, dass sich in Ihrer Firma etwas bewegt und somit vieles in Bewegung ist – und genau das ist meistens auch ein

Indiz für ein besonders erfolgreiches Unternehmen.

⇨ *Dialog am Prüfstand*

Facebook hilft mit, kommunikationsstarke Firmen auf eine besondere Stufe zu stellen. Dazu hat es zwei Werkzeuge entwickelt, die sich zum aktuellen Zeitpunkt noch im Testmodus befinden. Das bedeutet, dass die Features nicht bei allen Seiten implementiert, und auch nicht für jeden User sichtbar sind.

„Hohe Reaktionsfreudigkeit bei Nachrichten"- von Facebook automatisch eingeblendet

Facebook hebt Firmen, die mit beeindruckendem Tempo auf Seiten-Anfragen reagieren, in besonderer Art und Weise hervor. Hierzu kommen etwa Textvariationen wie „Hohe Reaktionsfreudigkeit bei Nachrichten" oder „Antwortet auf 100% der Nachrichten" zum Einsatz. Die von Facebook „verliehene Auszeichnung" wird an prominenter und kaum zu übersehender Position zwischen dem Titelbild und der Seiten-Fanzahl-Angabe platziert.

Das Feature kann Seiteninhabern nicht aktiviert werden, sondern ergibt sich aus seinem Kommunikationsverhalten. Wer sich als besonderes Ass positionieren möchte, kann hier ohne viel Zutun sein Engagement verdeutlichen.

Die Meldung „Hohe Reaktionsfreudigkeit bei Nachrichten" wird jedoch nur dann eingeblendet, wenn in den letzten sieben Tagen zwei Voraussetzungen erfüllt wurden: Nämlich, dass 90 Prozent der privaten Nachrichten in durchschnittlich maximal 15 Minuten beantwortet wurden.

Falls Sie sich nun fragen, wie man eine private Nachricht versendet, gibt es dazu zwei einfache Möglichkeiten: Zum einen kann man auf den im Titelbild der Seite untergebrachten Button „Nachricht senden" klicken. Zum anderen ist auch der von Facebook angebotene Link „Hohe Reaktionsfreudigkeit bei Nachrichten" nutzbar (natürlich nur, wenn eingeblendet).

Seiteninhaber können die Nachrichtenfunktion auch abstellen. Ob das sinnvoll ist, ist meistens zweifelhaft. Entscheidet man sich jedoch dafür, ist es wichtig zu wissen, dass die automatisch eingeblendete Information über eine rasche Antwortzeit daran gekoppelt ist. Der Hinweis wird also nur dann eingeblendet, wenn die Nachrichtenfunktion aktiv ist.

Die Nachrichtenfunktion können Sie im Administratorenbereich im Bereich „Einstellungen" verändern (aktuell in der zweiten Zeile, fast ganz rechts). In der linken vertikalen Hauptnavigation treffen Sie auf den Bereich „Allgemeines", und hier wiederum auf „Nachrichten". Soll die Nachrichtenschaltfläche im Titelbild eingeblendet werden („Nachricht senden"), muss ein Häkchen gesetzt sein. Wenn Sie dies nicht möchten, nehmen Sie die Markierung heraus.

Dieser Punkt hebt hervor, dass Firmen nicht nur auf Anfragen reagieren, sondern dass dies auch noch sehr schnell passiert. Unter Umständen kann dies den Sympathielevel eines Unternehmens auf die nächste Stufe stellen.

„Information zur Reaktionszeit" – vom Seiteninhaber ausgewählt

Das zweite Feature geht auf die Antwortgeschwindigkeit ein, was indirekt die Vorzüge der Echtzeitkommunikation hervorhebt. Es gibt an, wie schnell Betriebe auf Nachrichten reagieren und wird auf der Startseite im Info-Feld und im Chat-Fenster eingeblendet, wenn jemand eine Nachricht an die Seite senden möchte.

Zu beachten ist, dass die Veröffentlichung der Reaktionszeit nur dann erfolgt, wenn die Seite mindestens einmal pro Woche aufgerufen wird und mindestens 75 Prozent der Nachrichten beantwortet werden.

Seiteninhaber können wählen, welche Information dem Leser zur Reaktionszeit präsentiert wird. Im Moment stehen dazu fünf Auswahlfelder zur Verfügung, die folgendermaßen betitelt sind: Durchschnittliche Reaktionszeit auf Nachrichten automatisch anzeigen (empfohlen), Reaktionszeit innerhalb von ein paar Minuten, innerhalb einer Stunde, innerhalb von ein paar

Stunden und innerhalb eines Tages.

Bei Firmenseiten, die in der Kategorie „Lokales Unternehmen" eingerichtet wurden, findet sich der Hinweis zur Reaktionszeit auch in der Übersicht im Reiter „Info". Somit ergibt sich eine zusätzliche Einladung an den Leser, eine Nachricht an die Firma abzusenden.

⇨ *Kurze Reaktionszeiten als Maxime*

Was Facebook bei Seitenbetreibern zu forcieren versucht, nämlich rasche Reaktionszeiten, wird von vielen Plattform-Nutzern eingefordert. Sie sind es gewohnt, rasche Rückmeldungen auf ihre Anfragen oder Kommentare zu erhalten. Was im privaten Umfeld erfolgreich praktiziert wird, muss auch im betrieblichen Rahmen möglich sein, lautet die Devise.

Facebook ist daran nicht ganz unbeteiligt, finden sich doch unter jeder Nachricht die drei Kommunikationsschienen „Gefällt mir", „Kommentieren" und „Teilen". Viele Mitglieder nehmen diese Angebote großzügig in Anspruch und nutzen die unterschiedlichen Kommunikationsformen reichlich. User geben ihre Meinung bei geposteten Nachrichten ab, wenn sie die Nachricht in irgendeiner Art und Weise persönlich anspricht und der Leser das Bedürfnis verspürt, darauf zu reagieren.

Werfen Firmenbotschaften Anregungen, Wünsche oder Fragen auf, sind Leser bereit, sich mit Kommentaren einzubringen. In diesem Fall ist es wichtig, firmenseitig rasch darauf zu reagieren. User erwarten zeitnahe Antworten, idealerweise innerhalb weniger Stunden.

Eine wertvolle Hilfe dazu findet sich im Bereich „Einstellungen" unter „Benachrichtigungen". Dort besteht die Möglichkeit, Benachrichtigungen für Aktivitäten oder Aktualisierungen einzustellen. Administratoren gelingt es damit einfacher, rasch auf eintreffende Statements zu antworten.

Oft werde ich gefragt, was man denn in der Eile auf einen Kommentar antworten könnte. Ich rate dann, konkret auf die eingebrachten Punkte einzugehen und diese bestmöglich zu beantworten. Wenn dies nicht sofort möglich ist, sollte zumindest der Hinweis kommuniziert werden, wann weitere Details verfügbar sind und übermittelt werden.

Was jedoch das Wichtigste ist und oft übersehen wird ist: Sich für das Feedback zu bedanken! Bedenken Sie, dass sich diese Person die Zeit genommen hat und seine Meinung nicht nur „gedacht", sondern auch noch formuliert und niedergeschrieben hat. Das Mindeste, was Sie dafür tun sollten, ist Danke zu sagen. Damit reagieren Sie fürs Erste schon einmal sehr wertschätzend, und wenn Sie Ihren Kommentar noch mit wichtigen Informationen ausstatten, profilieren Sie sich als kundenfreundliche und professionell agierende Firma. Und das ist wichtig, weil es viele andere Seiten gibt, die diesen Aspekt unberücksichtigt lassen und nicht, oder nur sehr spät auf Kommentare reagieren. Heben Sie sich ab von den Betrieben, die Nachrichten potenzieller Kunden auf die leichte Schulter nehmen und präsentieren Sie sich als kommunikationsstarker Facebook-Profi. Ihre Fans werden es Ihnen danken.

Bitte nicht vergessen: Damit Nachrichten rasch beantwortet werden, können Sie die „Sofortantworten-Funktion" nutzen. Die Details dazu finden Sie im ersten Abschnitt bei den kostenlosen Tools.

⇨ *Absolute No Go´s*

Auf Facebook ist es mehr als verpönt, klassische Werbetexte eins zu eins zu übernehmen und in unveränderter Form zu posten. Kein Mensch ist hier daran interessiert, von klassischen Nutzenmerkmalen oder Produktdetails zu lesen. Was zählt, ist der Entertainmentfaktor. Das klingt jetzt vielleicht hart, ist aber so. Leute sind auf Facebook um zu erfahren, was jetzt gerade passiert. Wie es den Menschen geht, mit denen Sie verbunden sind; und was die Firmen „bewegt", zu denen Sie „Gefällt mir" gesagt haben. Was diese unternehmen, woran sie glauben, was sie jetzt im Moment „erleben".

In der Presse- und Medienarbeit gibt es den Spruch „Nichts ist so alt wie die Zeitung von gestern" – und das gilt auch auf Facebook. Seien Sie aktuell und berichten Sie von Ereignissen, die jetzt, heute, oder in Zukunft passieren. Lassen Sie die

Menschen, die Ihnen auf Facebook folgen, über Ihre Schulter schauen und gewähren Sie den Usern Einblicke in Ihr Leben und in den Alltag Ihres Unternehmens.

Ein weiteres No Go ist das Löschen kritischer oder negativer Nachrichten oder Kommentare. Seien Sie versichert, sollten Sie unliebsame Bemerkungen von Ihrer Facebook-Seite entfernen, bleibt es von Ihren Fans nicht unbemerkt. Gehen Sie lieber auf kritische Nachrichten ein und beantworten Sie diese gewissenhaft. Wer in angespannter Situation passend und zuvorkommend reagiert, zeigt abermals, dass es bei dieser Firma um einen Profi handelt.

Sollte jemand Inhalte auf Ihrer Seite hinterlassen, die der aktuellen Gesetzeslage wiedersprechen, sind Sie verpflichtet, den Beitrag zu löschen. Als „Inhaber" der Unternehmensseite können Sie bei Gesetzesverstößen belangbar sein. Also auch dann, wenn Sie den Beitrag nicht selbst verfasst haben. Falls Sie bei einer Meldung unsicher sind, konsultieren Sie sicherheitshalber einen auf Social Media spezialisierten Rechtsanwalt und klären Sie den Sachverhalt. Denn „Unwissenheit schützt nicht vor Strafe" - wie ein altes Sprichwort sagt.

⇨ *Von Anderen lernen*

Verinnerlichen Sie erfolgreiche Kommunikationsstile anderer Firmen. Halten Sie Ausschau nach Betrieben, deren Beiträge laufend hohe Interaktionsraten auslösen, weil ihre Nachrichten mit vielen „Gefällt mir"-Klicks, Kommentaren und Teilungen bestätigt werden.

Unsere Recherchen haben gezeigt, dass dies häufig bei Firmen passiert, die Endkunden bedienen. Besonders hervorgestochen sind die Facebook-Seiten von *manomama, Joseph Brot, Lillestoff, Hirschkuss, Sonnentor, Zotter-Schokoladen* und von *Friedlieb und Töchter*.

Die Seiten dieser Firmen sind wahre Fundgruben um zu lernen, wie Nachrichten formuliert werden sollten, damit diese auf hohen Zuspruch stoßen. Versuchen Sie zu verstehen, warum sich Fans von Meldungstexten angesprochen fühlten, sodass sie diese anschließend mit überdurchschnittlich hoher Interaktion bestätigen.

Achten Sie bei Ihrer Analyse darauf, wie Texte formuliert sind, welche Worte verwendet werden und – meistens ebenso ein Erfolgsmotor – welche Bilder eingesetzt werden. Suchen Sie nach weiteren Beispielen aus Ihrer Branche und aus anderen Bereichen. Versuchen Sie, den roten Faden der jeweiligen Seiten herauszufinden. Lernen Sie, was in Ihrer Branche ankommt und versuchen Sie, so gut es geht, Ihre Fans mit einzubinden. Führen Sie eine persönliche Anrede ein, verabschieden Sie sich am Ende jeden Beitrags mit dem Namen des Verfassers. So entsteht Nähe und Beziehung. Und diese ist auf Facebook das um und auf.

Mit einem solchen Vorgehen werden Sie sich von vielen Ihrer Mitbewerber abheben und genau das zählt letztendlich. Wer mutig ist, Neues ausprobiert und Ecken und Kanten zeigt, ist auf der Überholspur. Denn genau diese Eigenschaften sind es, die bei Unternehmern gefragt sind. Wenn Sie so kommunizieren, verdeutlichen Sie Ihre Kundennähe, ohne darauf ausdrücklich hinweisen zu müssen. Alle werden es feststellen, wenn sie Ihren Nachrichten auf Ihrer Facebook-Seite folgen.

Noch ein Tipp, wie Sie interessanten Firmen folgen können, und mit Sicherheit jede Meldung wahrnehmen. Wie wir schon gehört haben werden Ihnen nur so lange die Meldungen einer Unternehmung eingeblendet, als Sie intensiv mit der Seite interagieren, also auf deren Meldungen reagieren. Danach kann es passieren, dass Sie Betrieben und deren Botschaften aus den Augen verlieren. Falls Sie das verhindern wollen, können Sie sogenannte „Benachrichtigungen" aktivieren. Dies ist bei jeder Meldung möglich, wenn Sie in der oberen rechten Ecke das Häkchen aktivieren und die entsprechende Auswahl vornehmen. Benachrichtigungen finden Sie anschließend in der blauen Leiste ganz oben, nach dem Klick auf das Weltkugel-Symbol.

⇨ *Testen, auswerten, testen, auswerten*

Ergänzend zu den von Facebook angebotenen Statistiken

sollten Sie noch weitere Tools für die Optimierung Ihrer Facebook-Seite nutzen. Dafür sprechen gleich mehrere Gründe. Gehen Sie davon aus, dass es immer etwas gibt, das optimiert werden könnte und Ihnen danach hilft, noch mehr Interessenten und Kunden zu erreichen. Und zwar auf kostenfreiem Weg. Oft sind nur kleine, aber wesentliche Punkte zu berücksichtigen, und weitreichende Auswirkungen die Folge.

Sehen wir Sie uns die wichtigsten Aspekte an:

Je unterhaltsamer und interessanter eine Nachricht für Ihre Fan-Community ist, desto eher werden Sie mit Ihnen interagieren (also auf „Gefällt mir" klicken, einen Kommentar abgeben oder die Botschaft teilen). In diesem Zusammenhang ist der Faktor Zeit ein zentraler Erfolgsbaustein: Wenn es Ihnen gelingt, dass schon kurz nach der Veröffentlichung einer Botschaft die ersten Reaktionen eintreffen, stuft Facebook die Relevanz dieser Meldung höher. Sodann wird diese Nachricht einem größeren Personenkreis ausgestrahlt was dazu führen kann, dass mit einer Nachricht weit mehr Menschen erreicht werden als die Seite Fans aufweist. In diesem Zusammenhang erkennen wir die Bedeutung des **Zeiteffekts**.

Ein weiterer wichtiger Faktor ist der **Interaktionsgrad**, das heißt wie aktiv Ihre Fans auf Ihre Nachrichten eingehen und darauf reagieren. Wie wir oben gesehen haben, ist dies von zentraler Bedeutung. Werfen Sie daher immer wieder einen Blick in Ihre bisherigen Ergebnisse und leiten Sie daraus die nächsten Aktivitäten ab: Stellen Sie mehr Fragen. Antworten Sie schneller auf Anfragen. Setzen Sie mehr Posts ab. Verbinden Sie sich mit anderen Unternehmensseiten. Optimieren Sie die Bilder, die Sie Ihren Nachrichten beifügen.

Die Frage, die in diesem Zusammenhang häufig gestellt wird, ist: Und wie weiß ich, was ich genau tun soll? Bei der Beantwortung dieser Frage können Ihnen verschiedene Online-Tools weiterhelfen, die durchwegs kostenfrei sind. Der größte Vorteil ist, dass sich die **Empfehlungen** von den bisherigen Ergebnissen ableiten und sie diese sofort umsetzen können. Damit setzen Sie genau dort an, wo im Moment der größte Handlungsbedarf besteht.

Im Folgenden möchte ich Ihnen einige Tools vorstellen, die

Ihnen rasch bei der Optimierung Ihres Facebook-Engagements weiterhelfen:

Für den Einstieg hat sich der „LikeAlyzer" von Meltwater [http://likealyzer.com/de] bewährt. Für eine erste Analyse sollte der Seitenname [https://www.facebook.com/XXX] im Reiter „Analyse" eingetragen werden. Anschließend erhalten Sie eine Liste mit allgemeinen Vorschlägen zur Optimierung Ihrer Seite. Da hier alle analysierten Seiten zugänglich sind, macht es Sinn, noch weitere Auswertungen anzusehen. Vielleicht interessiert Sie, wie die Seiten Ihrer Mitbewerber abschneiden und welche Fehler dort identifiziert wurden. Mit diesem Wissen können Sie mögliche Stolpersteine schon vorsorglich aus dem Weg räumen oder diese gezielt beseitigen.

Ergänzend zum LikeAlyzer empfiehlt sich der FanPAGE-Check von 1-2-Social [https://www.1-2-social.de]. Das Statistikmodul liefert Informationen zu den statistischen Daten der Seite, zur Aktivität der Fans, über ideale Zeit für Posts und empfohlene Postlängen. Mit diesem Tool erfahren Sie, wann Ihre Fans am kommunikativsten sind und wie Sie Ihre Postings gestalten sollten.

Während die beiden ersten Tools keine Anmeldung erfordern, ist diese bei fanpage karma [http://www.fanpagekarma.com] notwendig. Hier müssen Sie sich mit Ihrem Facebook-Account einloggen, um dem Tool-Anbieter Rechte für Ihre Facebook-Statistiken einzuräumen. Die Analyse umfasst in etwa die gleichen Auswertungsschwerpunkte wie bei den beiden erstgenannten Tools, nur dass sie hier von einem einzigen Anbieter zur Verfügung gestellt werden.

⇨ *... in privater Sache*

Mehrere Projekte haben bereits gezeigt, dass es sich für eine Steigerung der Beitragsreichweite lohnt, nicht nur auf der Firmenseite aktiv zu sein, sondern auch im privaten Profil. Wer Facebook im privaten Bereich nutzt und dort zahlreiche Fingerabdrücke hinterlässt, kann damit seine Unternehmens-seite pushen und in der Folge noch mehr Menschen mit seinen Nachrichten erreichen. Tests haben gezeigt, dass die Auswirkungen enorm sein können.

Checken Sie mehrmals die Woche Ihren privaten Nachrichten-strom und gehen Sie auf erhaltene Meldungen ein. Treten Sie mit den Absendern in Dialog, indem Sie bei deren Nachrichten auf „Gefällt mir" klicken, einen Kommentar abgeben oder einen Beitrag teilen.

Berichten Sie zusätzlich über Dinge, die in Ihrem Leben passieren. Wenn Sie sportlich aktiv sind, kann dies ein erster Aufhänger sein, aber natürlich auch jedes andere Ereignis, das Sie mit anderen Menschen teilen wollen. Falls Sie keine Nachrichten an Ihre Freunde aussenden wollen, konzentrieren Sie sich auf deren Nachrichten. Auch das hilft der Beitrags-reichweite Ihrer Seite. Hauptsache Sie selbst nutzen die Plattform auch im privaten.

Wenn Sie Zeit und Lust haben, kommunizieren Sie täglich auf Facebook. Meistens dauert es nicht lange, und die Beitrags-reichweite auf der Unternehmensseite steigt. Vergessen Sie nicht: Je aktiver Sie im privaten Profil sind, desto mehr profitiert Ihre Firmenseite. Probieren Sie es aus.

EIN REDAKTIONSPLAN ALS IDEENSPEICHER

Wenn Sie sich für den Start von Facebook-Aktivitäten entscheiden, sollten Sie pro Woche mindestens eine Nachricht aussenden. Besser wäre es jedoch, wenn Sie öfters posten, im Idealfall täglich. Dies ist vor allem dann von Vorteil, wenn Sie mit Ihrer Beitragsreichweite unzufrieden sind. Dann sollten Sie Initiative ergreifen und fünf bis sieben Botschaften pro Woche verbreiten. Dieses Engagement wird sich schnell lohnen und die Reichweite Ihrer Nachrichten beflügeln. Sie werden feststellen, je aktiver Sie Firmennachrichten aussenden, desto mehr Menschen werden Sie erreichen.

Die Frage, die sich in diesem Zusammenhang häufig stellt ist: „Und worüber soll ich dann berichten?" Ein Redaktionsplan hilft Ihnen bei der Klärung dieser Frage. Er zeigt Ihnen, wie Sie Ordnung in Ihre Inhalte bringen. Leere Felder bedeuten zusätzliches Potenzial. Wenn Sie auf ein Themenrad setzen, wissen Sie, wann welches Thema aufgegriffen werden könnte. So ist das WAS und WANN rasch geklärt.

Die Frage die sich nun stellt ist, wie „sieht" Ihr perfekter Redaktionsplan aus? Womit würden Sie am liebsten arbeiten und welches Tool wäre die größte Hilfe für Sie?

⇨ *Arten von Redaktionsplänen*

Zu Redaktionsplänen gibt es unterschiedliche Zugänge. Manche Menschen möchten auf einen Blick erkennen, wann welche Inhalte feststehen und wann noch welche fehlen. In diesem Fall kann ein Jahreskalender-Poster eine wertvolle Hilfe sein. Bestimmt haben Sie solche Papierkalender schon in dem einen oder anderen Büro gesehen. Sie könnten das Plakat bei

Ihrem Arbeitsplatz anbringen, und jede Nachrichten-Idee handschriftlich eintragen. Andere setzen lieber auf elektronische Tools, wie zum Beispiel eine Excell-Datei. Dies hat durchaus seine Berechtigung, weil Aufzeichnungen leichter mitgenommen, und neue Themen einfach erfasst werden können. Was dem einen angenehm ist, ist für den anderen suboptimal - daher gilt es, für sich selbst das richtige Werkzeug zu entdecken.

Erfolgsorientierte Menschen verwenden ihre Redaktionspläne auch zur Erfassung der erzielten Ergebnisse. Dies trägt vor allem dann Früchte, wenn man bestrebt ist, seine Kommunikationsstrategie fortlaufend weiter zu entwickeln. Wichtig ist dabei, ein besonderes Auge auf die Auswirkungen einer Meldung zu werfen und darauf zu achten, dass diese nachvollziehbar bleiben. So gelingt es, in besonderem Maße davon zu profitieren. Wichtige Kennzahlen könnten etwa die erreichen Personen bei Facebook sein oder der aus einer Meldung generierte Website-Traffic. Die Verweildauer auf der Website könnte ebenso von Bedeutung sein, die anschließend im Redaktionsplan niedergeschrieben wird.

So genutzt ist ein Redaktionsplan nicht nur ein simpler Planungskalender, sondern sogar ein Messwerkzeug. Und dies wiederum ist ein wichtiger Helfer bei der Überprüfung Ihrer Zielerreichung.

⇨ *Regelmäßig wiederkehrende Termine*

Wenn Sie einen Redaktionsplan aufstellen, könnten Sie im ersten Schritt die regelmäßig wiederkehrenden Termine eintragen. Denken Sie dabei an Messeteilnahmen, Lehrlingsaufnahmen, Mitarbeiterschulungen Blutspende-Tage, Firmenturniere, Firmenfeiern, Firmenturniere, sportliche Aktivitäten, Sommerfest, Betriebsurlaub, usw. Mit diesem Vorgehen erhalten Sie im Handumdrehen einen ersten groben Plan, und Sie erkennen rasch, in welcher Woche Sie noch Inhalte benötigen.

Weitere Felder können Sie mit gesellschaftlichen Anlässen befühlen. Dies ist durchaus erfolgversprechend, weil Facebook als emotionale Unterhaltungsplattform mehr als prädestiniert dafür ist, derartige Themen aufzugreifen.

In der Vergangenheit hat sich schon oft gezeigt, dass gesellschaftlich beliebte Anlässe häufig eine höhere Beitragsreichweite bewirken. Aus diesem Grund lohnt es sich, traditionelle Feiertage in den Redaktionsplan aufzunehmen und für eine Meldung zu verwenden. Mit etwas Glück liefert Ihnen nachfolgende Auflistung gleich mehrere Anlässe, die Sie für Ihre Firma nutzen können.

Gesellschaftliche Gedenk-, Feier- und Aktionstage

- 1. Jänner: Neujahr
- 6. Jänner: Heilige Drei Könige
- 14. Februar: Valentinstag
- 27. Februar: Rosenmontag
- Februar/März: Fasching, Aschermittwoch
- März: Frühlingsanfang, Beginn der Sommerzeit
- März/April: Ostern
- 1. Mai: Staatsfeiertag
- Mai: Muttertag, Christi Himmelfahrt, Pfingsten
- Juni: Sommerbeginn, Vatertag, Tag der Technik
- Juli: Urlaubszeit, Sommerferien
- August: Mariä Himmelfahrt
- September: Herbstanfang, Schulbeginn
- Oktober: Ende der Sommerzeit
- 26. Oktober: Nationalfeiertag
- 1. November: Allerheiligen
- November/Dezember: Adventzeit
- Dezember: Winteranfang
- 5. Dezember: Krampus

- 6. Dezember: Nikolaus

- 8. Dezember: Mariä Empfängnis

- 24./25./26. Dezember: Heiliger Abend/Christtag/ Stefanitag

- 31. Dezember: Silvester

Themenbezogene Gedenk-, Feier- und Aktionstage

- Weltknuddeltag/Weltkuscheltag: 21. Jänner

- Weltfrauentag: 8. März

- Internationaler Tag des Glücks: 20. März

- Weltwassertag: 22. März

- Weltgesundheitstag: 7. April

- Welttag des geistigen Eigentums: 26. April

- Welttag des Designs: 27. April

- Walpurgisnacht („Tanz in den Mai"): 30. April

- Europatag: 9. Mai

- Internationaler Tag der Familie: 15. Mai

- Weltnichtrauchertag: 31. Mai

- Internationaler Kindertag: 1. Juni

- Welttag der Umwelt: 5. Juni

- Weltblutspendetag: 14. Juni

- Internationaler Tag des Kusses: 6. Juli

- Internationaler Tag der Freude: 24. Juli

- Weltkatzentag: 8. August

- Weltkindertag: 20. September

- Internationaler Tag des Kaffees: 1. Oktober

- Welttierschutztag: 4. Oktober

- Welthundetag: 10. Oktober

- Boss Day: 16. Oktober
- Welt-Internet-Tag: 29. Oktober
- Halloween: Nacht vom 31. Oktober auf den 1. November
- Weltmännertag: 3. November
- Black Friday: vierter Donnerstag im November
- Weltkindertag: 20. November
- Tag der Menschenrechte: 10. Dezember

Bei Wikipedia können Sie sich über weitere Gedenk-, Feier- und Aktionstage informieren. Sie finden im Anhang die Links dazu.

⇨ *Interessantes aus Ihrem Archiv*

Wenn Sie einen Unternehmensblog unterhalten, können Sie daraus regelmäßig Beiträge für Ihre Facebook-Seite generieren. Scheuen Sie sich nicht, öfter auf bestehende Artikel hinzuweisen, wenn die Abstände dazwischen lange genug sind, dass man sich nicht mehr daran erinnern kann.

Geht man davon aus, dass man nur zu Beginn einer Facebook-Verbindung alle Unternehmensbeiträge genauer durchliest, ist es nicht verwunderlich, wenn ältere Beiträge „untergehen". Und genau das könnten Sie nutzen. Bringen Sie besonders beliebte Themen immer wieder auf das Tablett und helfen Sie so Ihren Fans, wichtige und interessante Botschaften von Ihnen zu erhalten.

Bitte vergessen Sie nicht, wichtige Bildergalerien regelmäßig zu veröffentlichen. Hier sind vor allem die Räumlichkeiten wichtig, in denen Sie tätig sind. Zeigen Sie Ihren Fans immer und immer wieder, wie und wo Sie arbeiten. Längstens alle zwei bis drei Monate sollten Sie Ihren Arbeitsplatz auf die Bühne bringen.

⇨ *Weitere Anregungen*

Weitere Anregungen zur Befüllung Ihres Redaktionsplanes finden Sie im übernächsten Kapitel, wo Meldungsthemen aus den unterschiedlichsten Bereichen aufgelistet werden. Lassen Sie sich inspirieren und Ihren Gedanken beim Lesen freien Lauf.

Falls Sie auf fremden Facebook-Seiten interessante Anregungen finden, zögern Sie nicht, diese in Ihrem Redaktionsplan oder auf einem Themenspeicher zu erfassen. So bleibt der Grundgedanke in Ihrer Erinnerung und vielleicht können Sie diesen genau dann verwerten, wenn kein anderes Thema zur Verfügung steht.

FACEBOOK-GERECHTE NACHRICHTEN

Ich bitte Sie, beim Lesen der Überschrift die Betonung auf das Wort „Facebook" zu lenken. Das mag für den einen oder anderen ziemlich ungewöhnlich sein, seinen Fokus so stark auf ein Medium auszurichten. Die Inhalte, die eine Firma aus Werbegründen transportieren möchte, stehen auf dieser Plattform hintenan. In erster Linie geht es um ganz andere Dinge, die Sie auf den nächsten Seiten kennenlernen.

Das Erfolgsrezept bitte

Sorry, ich muss Sie enttäuschen. Sie finden hier leider kein pauschales Erfolgsrezept, wie Sie Ihre Unternehmensseite in null Komma nichts von null auf hundert treiben. Stattdessen biete ich Ihnen wichtige Hebel an die Ihnen helfen, Ihre Kommunikationsziele schneller und mit Erfolg zu erreichen.

Doch halt. Ein Indiz gibt es, das über so manchen Fauxpas hinwegblicken lässt. Die Wahl der Nachrichteninhalte kann unzulänglich präzise Unternehmensbeschreibungen aufwiegen und Unvollständigkeiten ausbessern. Wer seinem Publikum laufend spannende Themen liefert, bleibt interessant. Und wer interessant ist, genießt unweigerlich einen anhaltenden und damit gewinnbringenden Zustrom zu seiner Facebook-Seite.

Die Erfahrung zeigt, dass es mehrere Themenfelder gibt, die Fans recht häufig mit überdurchschnittlich hoher Interaktion würdigen. Zusammengefasst lauten diese:

- Nachrichten rund um Verlosungen und Gewinnspiele (Ausschreibung der Verlosung, Erinnerungsmeldung vor Teilnahmeschluss, Bekanntgabe der Gewinner, usw.)

- Stellungnahmen der Geschäftsführer zu wirtschaftlich oder gesellschaftlich brisanten Themen (Black Friday, TTIP, usw.)

- Aufgreifen traditioneller Bräuche und Feiertage (Adventkranz, Weihnachtsbaum, Wünsche zum neuen Jahr oder zu Ostern)

- Meinungsumfragen

- Alles rund um Mitarbeiter (Mitarbeiterfest, neue Lehrlinge oder Praktikanten, Feuerwehrübung, Vertriebsmeeting, Firmen-Biergarten, sportliche Aktivitäten, etc.)

- Alles rund um Projekte, Produkte und Dienstleistungen (neues Produkt, Produktvorschau, Erfolge, usw.)

- Einblick in die Produktion mit Bildern von Mitarbeitern, zum Beispiel bei der Produkterstellung

- Firmengebäude, neuer Laden, neues Büro, Umbauarbeiten für neue Shops, usw.

- Radio-, TV- und Medienberichte

- Vorbereitungen für Werbespots oder Fotoshootings (hinter den Kulissen), Information über das Ergebnis

- Aufzeigen der Firmenflotte

- Zitate in Bildern, welche die Unternehmenswerte wiederspiegeln

Setzen Sie kontinuierlich auf diese Themen, und Sie befinden sich unweigerlich auf der Erfolgsspur. Zahlreiche Anregungen, wie Sie die Themencluster für sich nutzen können, finden Sie im Abschnitt mit den Nachrichtenideen.

AUFFALLEN ;-)

Stellen Sie sich vor, Ihre Botschaft steht hunderten anderen Meldungen gegenüber und sie müsste in besonderem Maße herausstechen um nicht übersehen zu werden. Dem einen oder anderen kommt dies einem unlösbaren Unterfangen gleich, ist es doch nicht möglich, Meldungen grafisch aufzubereiten. Das System ermöglicht es also nicht, fette oder kursive Hervorhebungen durchzuführen. Dennoch gibt es einige Wege, mit denen Sie positive Eyecatcher inszenieren, und damit einen sympathischen Unterschied zu anderen Nachrichten generieren können. Sehen wir uns an, was sich in der Praxis schon mehrfach recht erfolgreich bewährt hat:

- Eine freundliche Anrede zu Beginn der Meldung

- Eine einnehmende Verabschiedung am Ende der Nachricht, idealerweise mit Namen

- Großbuchstaben am Beginn der Meldung, etwa eine stichwortartige Zusammenfassung in einer Zeile

- Handschriftliche Elemente in Fotos, Videos, usw.

- Schwarz-weiß Aufnahmen

- Ein Bild enthält ein Element mit Wiedererkennungswert (etwa das Logo, das Gesicht des Chefs, usw.)

- Freundliches Gesicht (oder mehrere) auf einem Bild

- „AUSVERKAUF" oder „MEGA-SALE" am Beginn einer Nachricht, wenn Preisnachlässe angeboten werden

- Smileys, Herzchen und andere positive Abbildungen

- Fotogalerien mit mindestens vier Bildern

PERSÖNLICH BERÜHREN VOR QUANTITÄT

Ideale Unternehmensnachrichten sind interessant, aktuell, spannend erzählt und bildhaft untermauert. Wichtig ist, dass Sie jede Nachricht mit einem visuellen Element versehen, sei es mit einem hochgeladenen Bild, einer Bildvorschau aus einer Verlinkung, oder der ersten Sequenz eines Videos.

Posten Sie nur im Ausnahmefall eine Botschaft ohne Bild, Sie verspielen damit enormes Interaktionspotenzial. Und genau das ist es, was Qualität ausmacht. Eine Nachricht ist dann qualitativ hochwertig, wenn viele Menschen auf „Gefällt mir" klicken, einen Kommentar hinterlassen oder den Beitrag teilen. Je mehr User mit Ihnen und Ihrer Message interagieren, desto hochwertiger stuft Facebook Ihre Unternehmensseite ein, und desto häufiger und weiter oben werden Ihre Meldungen im Nachrichtenstrom privater Menschen eingeblendet. Und genau darum sollte es Ihnen mit Ihrer Unternehmensseite gehen: Möglichst viele Leute in möglichst guter Position zu erreichen.

Facebook stellt Ihnen Statistiken zur Verfügung, die Ihnen Aufschluss darüber geben, ob Sie dieses Ziel erreichen. Bei jeder einzelnen Meldung sehen Sie, wie viele Menschen Sie mit einer Botschaft erreicht haben. Dieser Wert ist in der Folge auch Ihr Gradmesser zur Beurteilung Ihrer Interaktionsrate, und nicht, wie fälschlicherweise oft angenommen wird, die Fan-Zahl Ihrer Seite. Relevant ist demnach, wie viele Personen auf eine Botschaft reagieren, denen diese auch tatsächlich eingeblendet wurde. In diesem Zusammenhang spricht man von der sogenannten Beitragsreichweite; sie umfasst die Gesamtzahl jener Leute, denen ein Beitrag übermittelt wurde.

Die Beitragsreichweite, die Ihnen Facebook prominent in der rechten Spalte in der Administratoren-Übersicht präsentiert, ändert sich laufend und mehrmals pro Tag. Sie gilt nicht, wie von Facebook angegeben, für eine ganze Woche.

Verfolgen Sie die Entwicklung Ihrer Beitragsreichweite und Sie erhalten ein Bild vom Geschehen auf Ihrer Seite. Lassen Sie sich nicht verwirren, wenn Ihnen laufend andere Werte eingeblendet werden. Mal gehen die Zahlen nach oben, um eine halbe Stunde später wieder nach unten zu fallen. Worauf Sie jedoch achten sollten, ist die langfristige Entwicklung. Beachten Sie hierbei, dass „langfristig" für einige Tage steht und nicht für eine längere Dekade, wie man vielleicht vermuten möchte. Wenn die Beitragsreichweite kontinuierlich nach unten sinkt und Sie immer weniger Fans mit Ihren Botschaften erreichen, sollten bei Ihnen die Alarmglocken läuten.

Die Beitragsreichweite reduziert sich umso mehr, je weniger Interaktion auf Ihrer Seite passiert. Sollten Sie einen Wert erreichen, den Sie auf keinen Fall unterschreiten wollen, dann gilt nur eines: Augenblicklich die Zahl der Botschaften zu erhöhen und die Qualität der Nachrichten zu steigern. Legen Sie Ihr Augenmerk auf mehr Interaktion und konzentrieren Sie sich auf Botschaften mit Mehrwert. Stellen Sie mehr Fragen, antworten Sie zügig(er) auf Kommentare, posten Sie ein Zitat (in einem Bild mit passendem Hintergrund), veranstalten Sie ein Gewinnspiel oder setzen Sie auf andere Aktivitäten von der Sie glauben, dass sie für positives Aufsehen sorgen. Denken Sie etwa an ein Bild aus dem Firmenarchiv oder aus Ihrer Jugend, aus dem bereits hervorgeht, welche beruflichen Wege Sie einmal einschlagen werden. Hauptsache ist, dass Sie sich von einer persönlichen und emotionalen Seite zeigen; man Sie als Mensch kennenlernt. Emotionalität wird in der Regel mit Emotionalität beantwortet. Und darum geht es, wenn Sie auf Facebook erfolgreich sein möchten.

In der ersten Zeit Ihrer Facebook-Unternehmensrepräsentanz müssen Sie oft auf Versuch und Irrtum setzen. Es stehen Ihnen noch kaum Statistiken zur Verfügung und der betriebliche Kontext ist vielleicht noch neu für Sie. Das ist die Zeit, in der Sie verschiedenes ausprobieren können. Testen Sie Nachrichtenschwerpunkte (konzentrieren Sie sich dabei auf Ihre „Existenzgrundlage"), Kommunikationsformen (Text, Link, Video, usw.) und Textlängen. Identifizieren Sie jene Meldungen, die auf Ihrer Seite die höchsten Interaktionsraten auslösen. Und vergessen Sie dann nicht: Wiederholen Sie, was gut funktioniert!

WANN DIE STUNDE SCHLÄGT

Wer Facebook als aktiven Akquisitionskanal nutzen will, sollte als oberstes Ziel darauf setzen, hohe Interaktionsraten auszulösen und viele „Gefällt mir"-Klicks, Kommentare oder Teilungen zu erhalten. Dabei sind vor allem Teilungen wichtig, weil Sie Ihre Botschaft in den privaten Nachrichtenstrom des teilenden Users überführen. So gelingt es, dass Sie die Freunde Ihrer Fans erreichen. Damit ist nicht selten das Potenzial verbunden, dass Sie viel mehr Menschen erreichen, als Ihre Seite Fans aufweist. Es ist das Gebot der Stunde, dass Ihre Meldungen möglichst oft geteilt werden.

Außerdem ist wichtig, dass Ihre Botschaften so rasch wie möglich erste Rückmeldungen bewirken. Ideal ist, wenn ihre Meldungen noch „jung" sind und bald viele User darauf reagieren. Facebook honoriert rasche Reaktionen, indem es die Botschaft an einen zusätzlichen Userkreis verteilt. Die Beitragsreichweite steigt damit, nicht selten auch in beachtlichem Umfang.

Um rasch viele Reaktionen einfahren zu können ist es wichtig, Meldungen dann auszusenden, wenn viele Fans online sind. Weil dies kein Mensch ohne statistische Auswertungen erahnen kann, stellt Ihnen Facebook entsprechende Daten bereit. In den Statistiken erhalten Sie zumindest für die letzten Tage einen Hinweis, wann sich Ihre Community auf der Plattform aufhält.

Wenn Sie eine bestimmte, aber leider nicht kommunizierte Fanzahl überschritten haben, erhalten Sie Zugang zu einer weiteren wichtigen Übersicht: Diese enthält Angaben zu Menschen, die auf Ihrer Seite am kommunikativsten sind. Diese Personen sind die Triebwerke Ihrer Interaktionsrate. Mit diesen Leuten steigt oder fällt Ihr Facebook-Erfolg und die Kraft Ihrer Nachrichtenverteilung. Aus diesem Grund sollten Sie diesen Fans eine besondere Hochachtung zukommen lassen.

Bis Ihnen Facebook die Daten zu den kommunikativsten Fans online stellt, können Sie jene Gratis-Tools nutzen, die Sie im letzten Abschnitt kennengelernt haben.

Nachdem Sie erfahren haben, wann Ihre kommunikativsten Fans online sind, sollten Sie Ihre Botschaften genau zu diesem Zeitpunkt veröffentlichen. Haben Sie keine Sorge, falls dies zu Zeiten sein sollte, in denen Sie dies nicht persönlich erledigen können. Facebook stellt Ihnen ein Planungstool zur Verfügung, das Ihnen ermöglicht, Nachrichten vorzubereiten und erst dann zu veröffentlichen, wenn Sie dies möchten. Dazu bereiten Sie eine Botschaft wie gewöhnlich vor und drücken anschließend nicht auf „Veröffentlichen", sondern auf „Planen". Dieser Befehl verbirgt sich im blauen „Veröffentlichen-Button" im nach unten zeigenden Dreieck. Wenn Sie darauf klicken, können Sie die Planen-Funktion aktivieren und den gewünschten Veröffentlichungszeitpunkt eingeben. Dort besteht übrigens auch die Möglichkeit, ein Enddatum für die Verbreitung einzugeben.

MELDUNGEN MIT DEM GEWISSEN ETWAS

⇨ *Emotionalität pur*

Soll man denn eine weitere Facebook-Seite einrichten, wenn es schon zig-andere in der gleichen Branche gibt? Ja, auf jeden Fall! Die Praxis zeigt, dass fast alle Seiten, die ich kenne, noch Potenzial zur Optimierung besitzen. Facebook als junge Plattform entwickelt sich laufend weiter, und genauso ist es auch bei den Usern, die sich darauf bewegen. Und natürlich auch in der Kommunikation.

Die Analyse zahlreicher Unternehmensseiten zeigt, dass in der inhaltlichen Gestaltung meistens die gleichen Fehler begangen werden. Abseits der klassischen Empfehlungen, die Gratis-Monitoring-Tools umgehend und relativ detailliert anbieten, gibt es noch weitere Möglichkeiten, um eine Unternehmensseite zu perfektionieren und damit noch emotionaler auszurichten.

Menschlichkeit ist dabei ein wichtiges Element. Es geht hierbei jedoch nicht nur um die Verwendung von Bildern, die Menschen zeigen, sondern um viel mehr. Was zählt ist die Menschlichkeit in und aus Ihrem Unternehmen. Das beginnt bei der Geschäftsführung, die in der Regel auf Facebook viel zu selten präsent ist.

Manche verweisen in diesem Zusammenhang auf das Profilbild, von dem der Chef bei jeder Nachricht lächelt. Ok, das ist ein erster Schritt. Er reicht aber nicht. Probieren Sie es aus, und stellen Sie sich spätestens bei jeder fünften Meldung in den Vordergrund. Vor allem dann, wenn Sie eine One-Man-Show sind, sollten Sie öfter visuell präsent sein. Und was passiert? Ihr Gesicht wird unweigerlich bekannter – und genau das sollte doch das Ziel von einem Unternehmer sein, oder? Nach und nach wird Ihr Gesicht mit einem, nämlich Ihrem Firmennamen verbunden, und der Name wird zur Marke, Ihrer Marke.

Sollte Ihnen ein Bild zu einfallslos sein, können Sie auch andere Wege gehen. Vielleicht haben Sie Lust, stattdessen auf ein Video zu setzen. Dies kommt noch nicht so häufig vor und bietet eine wunderbare Gelegenheit, sich in zwei, drei Minuten vorzustellen. Videos sorgen für Abwechslung und bringen neuen Schwung in den Nachrichtenstrom; sie stechen heraus aus der Flut von Text- und Bildmeldungen und unterbrechen den gewohnten Lesefluss. Von daher lohnt sich ein Versuch auf jeden Fall. Und vielleicht stellen Sie hierbei auch fest, dass Ihnen das Drehen von Videos leichter von der Hand geht als die Erstellung von Fotos. Dann könnten Sie in Zukunft öfter darauf setzen und bei der Herstellung Ihrer Botschaften Zeit sparen. Ganz nebenbei erhalten Sie auch noch „Futter" für andere von Ihnen besetzte Kommunikationskanäle, wie etwa Ihre Homepage, Ihren Blog, Google+ oder YouTube. (Dass Sie das Video auf Facebook streuen, versteht sich von selbst.)

Denken Sie auch an Ihre **Mitarbeiter**. Bringen Sie auch Ihre Beschäftigten auf Ihre Unternehmensbühne - natürlich nur mit deren Einverständnis. Erwähnen Sie in der Botschaft den (Vor-)Namen der abgebildeten Person, das baut Nähe auf. Verdeutlichen Sie den abgebildeten Unternehmensbezug (was passiert auf dem Bild?) und warum dieser Mitarbeiter für Ihre Firma wichtig ist. Danken Sie Ihrem Team öffentlich – darüber freut sich jeder, Ihr Personal, Ihre Fans und jeder weitere Leser. Und nebenbei steigt auch noch die Motivation bei Ihnen zu arbeiten, auch bei Leuten, die noch gar nicht bei Ihnen angestellt sind.

⇨ *Wie viele Zeichen braucht Emotionalität?*

Besinnen wir uns darauf, was Emotionen auslöst. Oft reichen wenige Worte oder ein Satz, und eine Botschaft trifft mitten ins Herz. Manchmal ist es eine Geschichte, die Zeit und Raum benötigt, um Ihre Wirkung entfalten zu können. Selbst wenn ein Text aus vielen Zeilen besteht, wird er zu Ende gelesen - wenn der Leser bereit ist, in den Inhalt „einzutauchen" und seine Zeit dafür zu verwenden.

Leser entscheiden bald ob es sich lohnt, einem Beitrag eine gediegenere Aufmerksamkeit zu schenken. Sie tun es wenn sie annehmen, dass es sich für sie lohnt. Dies könnte ein Ansatz für die Erklärung sein, wie lange Botschaften ausfallen sollten, um einen Leser zu berühren. Es hängt nicht von der Anzahl der Worte oder Zeichen ab. Vielmehr sind es die transportierten Inhalte und die mitschwingenden Botschaften, die schon mit den ersten Worten spürbar werden. Man sofort erkennt, dass sie mit gutem Gefühl und ehrlichem Gewissen zum Einsatz kommen.

Manch einer glaubt, dass User längere Texte ignorieren und aufgrund seines Umfanges lieber darüber hinwegblicken. Ich glaube das nicht. Vielleicht nur dann, wenn sie wissen, dass sie von diesem Absender nur langweilige Botschaften erhalten. Aber dann wäre es egal, ob die Meldungen kurze oder lange Texte beinhalten, sie wären so oder so uninteressant.

In diesem Zusammenhang können wir auch den automatischen Textumbruch „Mehr anzeigen" ansprechen. Dieser kann bereits nach wenigen Zeilen zum Tragen kommen, und so den Lesefluss im negativen Sinne beeinflussen. Frühe Umbrüche scheinen mit der Dichte des Textes zu korrelieren; lose beschriebene Zeilen werden dabei rascher unterbrochen als lange wortgewaltige Beiträge. Meldungen mit bis zu dreizehn Zeilen (!) sind durchaus üblich - vor allem dann, wenn diese dicht beschrieben sind. Auf der anderen Seite finden sich immer wieder Nachrichten, die schon nach wenigen Zeilen abgerissen wurden; häufig finden sich dann nur wenige Worte in den dargestellten Zeilen.

Kommen wir noch einmal auf das Thema Emotionalität zurück. Erinnern Sie sich vielleicht an einen Spruch, den Sie einmal gehört oder gelesen haben, und der Sie sofort berührt hat? Oder gibt es ein Zitat, das Sie zu Ihrem Lebensmotto erklärt haben? Wenn Sie sich dessen Gebilde genauer ansehen, werden Sie feststellen, dass es mindestens ein Wort enthält, das für Sie und Ihr Leben eine wichtige Bedeutung birgt. Häufig ist es ein Wort, das die ganze Botschaft in einen besonderen Rahmen stellt. Ein Wort, das einen Text in etwas Besonderes verwandelt.

⇨ *Emotionale Wortwahl*

Setzen Sie in Ihren Meldungen auf Worte, die Ihrer Botschaft einen persönlichen Touch verleihen und dafür sorgen, dass sich Leser gut bei Ihnen aufgehoben fühlen. Sie intensivieren damit nicht nur die Anziehungskraft zu Ihrem Unternehmen, sondern auch die Bereitschaft, Geld bei Ihnen auszugeben.

Verwenden Sie Worte wie „Du", „Sie", „Ihnen" oder „Euch" und stellen Sie sich damit in Sachen Kundenfreundlichkeit in die erste Reihe. Die nachfolgenden Wörter tragen allesamt zu einem freundschaftlichen Unterton bei.

Emotionale Zauberwörter

- begeistert
- Danke
- Dein, deine
- Dich, für Dich
- edel
- Ehre
- einfach, einfacher, easy
- empfehlen
- Endlich! …
- für Euch, für Sie,
- Euer, Eure
- fantastisch
- feiern
- Fest
- Freude, freuen
- Freund, freundlich
- Gefühl
- gelingen, gelungen

- gemütlich
- genial
- Genuss, genießen
- gerade
- gut
- herrlich
- Herz, herzlich
- Ihr, Ihre
- Leidenschaft
- mit Freude
- motiviert
- Sie, für Sie
- rechtzeitig
- schön
- Sonderangebot
- spielend
- Stolz, stolz sein
- Tipp
- toll
- träumen
- uns, unser, unsere
- wir freuen uns
- wunderbar, wunderschön

WEITERE WICHTIGE TIPPS - ZUSAMMENGEFASST

Mit hilfreicher Unterstützung von Facebook gelingt es Ihnen, in wenigen Minuten eine virtuelle Unternehmensrepräsentanz aufzubauen. Neben den bereits erwähnten Punkten gibt es noch einige weitere Tipps, die Ihnen von Nutzen sind.

⇨ *Einmal ist kein Mal*

Wichtige Botschaften sollten Sie immer mehrfach thematisieren und mindestens zwei Meldungen dafür aufsetzen. Dazu zählen etwa Neuigkeiten über Ladeneröffnungen, (neue) Produkte, Preisnachlässe, Gewinnspiele, usw.

Wenn Sie bei einem Ereignis auf mehrere Benachrichtigungen setzen, ist es sinnvoll, diese auf unterschiedliche Zugänge aufzubauen. So bleibt der Botschaftenkern auch bei der x-ten Meldung für Ihre Leser interessant.

Sie könnten einmal über die Schiene der Produktentwicklung oder des Produktes an sich berichten. Das zweite Mal in Verbindung mit einem Mitarbeiter, und beim dritten Mal den Aspekt der Lieferung herausstellen oder wenn ein Kunde das Produkt bereits nutzt. In dieser Form greifen Sie bei jeder Aussendung ein relevantes Element Ihrer Unternehmung auf, womit Ihre Firma nach und nach an Transparenz gewinnt. Und genau das mögen Facebook-Fans besonders.

⇨ *Nachrichten planen*

Holen wir uns noch einmal ins Gedächtnis, was es beim Versand von Nachrichten zu berücksichtigen gilt: Erstens sollten regelmäßig Meldungen versendet werden, und zwar mindestens eine pro Woche. Zweitens sollte pro Tag eine Obergrenze von zwei Beiträgen eingehalten werden, um eine Übersättigung zu vermeiden. Und drittens ist es wichtig, dann mit einer Botschaft präsent zu sein, wenn viele Ihrer Fans online sind.

Sie können alle drei Anforderungen ganz einfach erfüllen, wenn Sie das Facebook-Planungstool nutzen. Es ist gratis, einfach anzuwenden, und verbirgt sich im „Veröffentlichen"-Button ganz rechts im nach unten zeigenden Dreieck. Wenn Sie darauf klicken, finden Sie die Funktion „Planen" an der ersten Position. Nachdem Sie Datum und Uhrzeit für die Veröffentlichung einer Meldung festgelegt haben, wird dies automatisiert durchgeführt. Von Ihnen ist dazu kein weiteres Zutun mehr nötig.

Die Planen-Funktion ist besonders praktisch, wenn Sie Ihre Beiträge im Voraus planen wollen oder Sie auf Urlaub sind. Ein weiterer Aspekt könnte sein, dass sich viele Ihrer Fans erst zu später Stunde auf der Plattform aufhalten, und Sie Ihre Nachrichten nicht mitten in der Nacht versenden wollen.

Die Planung von Meldungen macht auch dann Sinn, wenn Sie „nachrichtenarme Zeiten" für sich nutzen wollen. Ihre Botschaften stehen dann in geringerer Konkurrenz zu anderen Aussendungen, womit die Chance steigt, dass Ihr Beitrag weiter oben eingeblendet wird. „Ruhigere" Phasen sind die klassischen Ferienzeiten, also rund um die Weihnachtsfeiertage, die Semesterferien oder in den Sommermonaten. Auch verlängerte Wochenenden können recht ergiebig sein, wenn Kommunikationsverantwortliche ihren Kurzurlaub genießen. Genau in diesen Zeiten scheint es, als würden weniger Firmenmeldungen bereitgestellt. Und genau das kann Ihre Chance sein. Nutzen Sie das firmenseitige „Informationsloch" und erhöhen Sie damit Ihre Sichtbarkeit.

⇨ *Dialoge forcieren*

Bitte bedenken Sie stets, dass sich Facebook in erster Linie als Dialogplattform präsentiert. User verbringen Zeit in diesem Netzwerk, weil sie Neuigkeiten erhalten, und sich mit dessen Absender oder mit anderen Menschen darüber unterhalten wollen.

Es gibt mehrere Möglichkeiten, um ein virtuelles Gespräch in Gang zu bringen. Probieren Sie Verschiedenes aus und setzen Sie Elemente ein die mithelfen, dass sich ein Dialog entwickeln kann. Mit der Zeit erkennen Sie, worauf sich Ihre Fans einlassen und was Sie danach forcieren sollten.

Unterhaltungen ankurbeln – einige Möglichkeiten

Stellen Sie Fragen, etwa zu einem neuen (Wunsch-)Produkt, Erfahrungen, Fotos, usw. Sie können auch auf ein Thema das Sie beschäftigt, auf Studienergebnisse oder Zitate eingehen. Ihrem Einfallsreichtum sind keine Grenzen gesetzt.

Ihre Fragen sollten leicht verständlich sein und mit wenigen Worten beantwortet werden können. Überfordern Sie Ihre Fans nicht mit zu technischen oder spezifischen Fragestellungen. Eine Frage ist dann „gut", wenn sie einfach zu verstehen und zu beantworten ist. Zu viele Fragen auf einmal verwirren mehr, als sie einen Dialog in Gang bringen.

Studien haben ergeben, dass Antwortraten höher ausfallen, wenn Fragen am Ende des Beitrages platziert sind. Es scheint, als würde eine Frage dann seltener „vergessen".

Veranstalten Sie Rätselspiele. Laden Sie Ihre Fans ein, sich an einem Rätsel zu beteiligen. Bitten Sie um Mitwirkung bei lustigen Anekdoten, fragen Sie um Assoziationen. Loben Sie ein kleines Präsent aus, darüber freut sich jeder. Wie wäre es mit einer Einladung in Ihre Firma, wo Sie ein beliebtes Produkt als Preis überreichen?

Antworten Sie auf Kommentare. Schenkt Ihnen jemand seine Zeit und verfasst er bei einer Ihrer Nachrichten ein Statement, sollten Sie zügig darauf reagieren. Die Latte dafür ist hoch und liegt innerhalb der ersten 24 Stunden. Je später Sie antworten, desto höher ist die Gefahr, dass Ihre Antwort beim Absender untergeht.

Sie sind schon mit einem herzlichen Dank oder einem raschen „Gefällt mir"-Klick direkt unter dem Kommentar dabei, und legen damit einen wohlwollenden Grundstein für einen neuerlichen Dialog. Mit wenig Zeitaufwand kann sich ein großer Zugewinn für Sie ergeben, wenn Sie sich prompt von Ihrer besten Seite zeigen.

Je mehr Sie auf Ihre Leser eingehen, desto mehr werden sich diese Ihnen öffnen. Und desto höher ist die Chance, dass sie im Bedarfsfall auch bei Ihnen ihr Geld ausgeben.

⇨ *Schicken Sie einen Knaller voraus*

Sie wissen, dass Sie in den nächsten Tagen eine wichtige Meldung aussenden und wünschen sich, dass diese möglichst viele Leute erreicht? Dann sollten sie einige Tage vorher eine Botschaft aussenden von der Sie wissen, dass sie eine überdurchschnittliche Reaktion auslösen wird. Warum? Weil Nachrichten mit hoher Resonanz dafür sorgen, dass sich die Beitragsreichweite nach oben verschiebt und somit mehr Menschen informiert werden können. Gute Beitragsreichweiten verbleiben jedoch nicht nur bei einer einzelnen Meldung, sondern werden auch „weiter vererbt". Das bedeutet, dass nachfolgende Botschaften einen höheren Aktionsradius erzielen. Und diesen Aspekt sollten Sie bei wichtigen Anliegen nutzen.

In Ihren Statistiken können Sie Meldungen mit hoher Interaktion relativ einfach herausfinden. Gehen Sie dazu in Ihrem Administratorenbereich unter > Beiträge > „Alle veröffentlichten Beiträge". Setzen Sie den Cursor auf das Wort „Interaktionen" und klicken Sie darauf, sodass Sie damit das Sortieren der Spalte bewirken. Im Zuge dessen werden Ihnen zwei Auswahlmöglichkeiten angeboten, entscheiden Sie sich für die Variante „Gefällt mir-Angaben, Kommentare und geteilte Inhalte". Sehen Sie sich nun an, welche Meldungen die höchsten Interaktionen erreicht haben und überlegen Sie, ob sich daraus eine neue, aber ähnliche Botschaft ableiten lässt. Unter Umständen kann eines Ihrer Top-Ergebnisse auch ein weiteres Mal genutzt werden, ohne dass Sie es abändern müssen. In diesem Fall sollten seit der letzten Veröffentlichung schon einige Wochen vergangen sein. So vermeiden Sie, dass sich jemand an die Aussendung erinnert und diese schlimmstenfalls als wiederholend, und damit als langweilig abspeichert.

Sollte sich kein Thema mit überdurchschnittlichen Reaktionen anbieten, können Sie überlegen, ob Sie eine dahingehende Aktion aufzusetzen. Ziehen Sie dazu ewa eine Gutscheinaktion oder ein Gewinnspiel in Betracht. Beide Vorschläge sollten genug Vorschub leisten und Ihre Beitragsreichweite zumindest kurzfristig nach oben zu hieven. Zu Gewinnspielen finden Sie in diesem Buch bestimmt gleich mehrere Anregungen; bitte beachten Sie dazu auch die wichtigen Links im Anhang.

⇨ *Blog-Beiträge mehrmals verlinken*

Falls Sie einen Unternehmensblog führen, sollten Sie Ihre Blog-Beiträge mehrfach auf Facebook vorstellen. Stellen Sie dabei jedes Mal eine direkte Verlinkung zum betreffenden Artikel her und erklären Sie, welchen Nutzen Ihre Leser daraus ziehen, wenn sie Ihren Aufsatz lesen. So können Sie wichtige Kontakte auf Ihre Website ziehen und sie bitten, ihre Kontaktdaten zu hinterlassen. Und das ist wichtig, will man Facebook-Kontakte in eine langfristige Umsatzquelle verwandeln. Da Facebook mit personenbezogenen Daten geizt, liegt es an Ihnen, diese abzufragen und langfristig zu verwerten.

Verweist man immer nur auf neue Blog-Artikel, verspielt man wertvolles Potenzial. Denn vor allem bei neuen Fans besteht dann die Gefahr, dass vorhandene Abhandlungen übersehen werden. Und das wäre schade wenn man bedenkt, wie viel Herzblut Sie wahrscheinlich in jeden einzelnen Ihrer Blog-Artikel stecken.

Pushen Sie Blog-Beiträge, die erfahrungsgemäß viel Resonanz auslösen und Ihnen dabei helfen, Ihre Beitragsreichweite nach oben zu heben. Diese Artikel können Sie ohne schlechtes Gewissen alle zwei bis drei Monate ins Rampenlicht stellen und die Leute so auf Ihre Website locken. Sorgen Sie dafür, dass sich Ihre Besucher auch den Rest Ihrer Homepage ansehen und/oder eine Aktivität setzen, mit der Sie gutes Geld verdienen.

⇨ Tagesaktuelle Ereignisse aufgreifen

Gehören Sie zu den Menschen, die sich jeden Morgen darüber freuen, heute wieder „zur Arbeit" gehen zu dürfen? Berichten Sie Ihren Fans, was für Sie das heutige Highlight darstellen wird, worauf Sie an diesem Tag die größte Lust verspüren. Gehen Sie auf Dinge ein, die den Stolz an Ihrer Firma schüren und Ihnen den Tag versüßen. Teilen Sie mit Ihren Fans, was Ihnen Freude bereitet - und Ihre Community wird es Ihnen mit ehrlichen Rückmeldungen danken.

⇨ Regelmäßig Profil- und Titelbild ändern

Besonders bei kleinen Firmen kann es sich lohnen, regelmäßig das Profil- und Titelbild auszutauschen. Auf automatischem Weg leitet Facebook diese Aktivität an die Community der Seite weiter. Der Tausch eines Bildes ist einer neuen Nachricht gleichzusetzen, ohne dass der Seiteninhaber dafür Zeit investieren muss.

Wenn Sie Ihre Fotos alle zwei, drei Monate wechseln, ist das ein guter Schnitt. Falls Sie ein konkretes Angebot bewerben möchten (etwa zum Muttertag, zu Weihnachten, usw.), kann die Zeit dazwischen natürlich auch viel kürzer sein. Es gilt, vor allem das Titelbild als „versteckte" Werbefläche zu nutzen und den Usern schon auf dem ersten Blick zu verdeutlichen, dass sie bei Ihnen an der richtigen Adresse sind.

Wechseln Sie die Fotos jedoch nicht gleichzeitig, sondern entweder das eine, oder das andere. Sie verspielen ansonsten wertvolle Präsenz, oder verärgern schlimmstenfalls Ihre Fans. Niemand erhält gerne einseitige Statusupdates, in denen keine persönliche Notiz enthalten ist, so wie es bei den automatisch generierten Postings der Fall ist.

Sie können diese Praxis auch in Ihrem privaten Profil fortsetzen und dort von Zeit zu Zeit Ihr Profil- und Titelbild ändern. Besonders originelle oder ansprechende Bilder könnten Ihre Freunde motivieren, wieder einmal Ihre persönlichen Daten anzusehen. Der Verweis auf Ihre Firmenseite lädt sein, sie zu besuchen. Und vielleicht ist für diese Person genau zu diesem Zeitpunkt der richtige Moment, um Ihre Unternehmensseite mit einem „Gefällt mir" zu markieren.

⇨ *Bilder teilen*

Nutzen Sie die Möglichkeit, Fotos an mehreren Stellen zu veröffentlichen. Mit der Funktion „Teilen" können Sie Fotos von Ihrem privaten Profil auf Ihre Unternehmensseite transferieren. Das Ganze funktioniert auch umgekehrt, also von der Firmenseite ins private Profil.

Beide Ausführungen sind sinnvoll. Besonders dann, wenn im privaten Netzwerk mehr Menschen miteinander verbunden sind, als die Unternehmensseite Fans aufweist. So gelingt es auf smarte und unaufdringliche Art, Berufliches in das private Umfeld einzuführen. Dabei gilt es zu berücksichtigen, dass die Fotos in einen privaten Rahmen passen müssen, reine Bürobilder sind dabei meistens völlig deplatziert. Gegen Fotos von der letzten Firmenfeier oder vom schnittigen Firmenwagen hat mit Sicherheit niemand etwas einzuwenden. Wenn die Bilder auch noch mit einem lustigen, oder Augen zwinkernden Kommentar versehen sind, können Sie damit eigentlich nur gewinnen.

Auch die andere Richtung funktioniert: Privat anmutende Bilder sind auf einer Firmenseite durchaus willkommen. Etwa dann, wenn Sie sich gerade im Ausland auf einer Aus- oder Weiterbildungsreise befinden. Grüße aus der Ferne sind immer fruchtbar, aber natürlich auch andere Impressionen, die in irgendeiner Art und Weise mit Ihnen und Ihrem Unternehmen in Verbindung stehen. Sie können auch gerne Ihre Familienmitglieder mit ins Bild holen, sofern diese damit einverstanden sind. Recht gut ankommen etwa Familienaufnahmen, die mit netten Grüßen oder guten Wünschen verbunden sind, oder wenn das jüngste Familienmitglied auf „betrieblicher Mission" unterwegs ist (zum Beispiel bei einer Messe).

Wenn Sie Fotos in das jeweils andere Profil holen, nimmt Ihnen das keiner übel; mehr als ein, zwei Mal pro Quartal sollte dies jedoch nicht passieren. Bei zu häufigem Transfer in das private Konto laufen Sie Gefahr, Ihre Freunde zu vergraulen. Auf der Firmenseite „verwässern" Sie Ihre Expertise, wenn Sie sich zu sehr von Ihren unternehmerischen Eckpunkten entfernen.

⇨ *Setzen von Hashtags*

Mittlerweile werden Hashtags in vielen sozialen Netzwerken und Online-Diensten verwendet, wie etwa auf Pinterest, Google+, YouTube, Twitter und natürlich auch auf Facebook. Dahinter steckt die Idee, ausgewählte Schlagworte einzusetzen (im Sinne einer Verschlagwortung), um die Suche nach themenverwandten Beiträgen zu erleichtern. Die Recherche mit Hashtags findet häufig nur im jeweiligen Netzwerk statt.

Auf Facebook platzieren Sie Ihren Hashtag idealerweise in eine neue Zeile am Ende Ihrer Botschaft. In dieser Form erstellen Sie Ihre Verknüpfung am unaufdringlichsten, und wie ich finde, stört es derart angebracht am wenigsten.

Sie generieren einen Hashtag, wenn Sie eine Raute vor ein Wort setzen (drücken Sie dazu gleichzeitig auf „Fn" und das Doppelkreuz rechts neben dem „ä"). Wählen Sie einen Begriff, zu dem Sie gefunden werden wollen und der populär genug ist, dass ihn auch andere verwenden. Nehmen wir an, Sie entscheiden sich für das Wort „vegan" und beenden Ihre Botschaft mit „#vegan". Sucht nun jemand im Facebook-Umfeld nach „#vegan", werden ihm alle Facebook-Nachrichten aufgelistet, in denen dieser Hashtag vorkommt.

Mit dieser Vorgehensweise ist es ein Leichtes, sich einen Überblick über Facebook-Seiten zu verschaffen, die sich mit einer bestimmten Thematik auseinandersetzen. Ist es Ihr Ziel, sich zu einem bestimmten Begriff zu positionieren, könnte diese Markierungsform für Sie gewinnbringend sein. Sie hilft Ihnen, auf einfachem Weg von interessierten Menschen entdeckt zu werden, die mehr zu diesem/Ihrem Fachgebiet erfahren wollen.

⇨ *Nachrichten mit Ortsangabe versehen*

Versehen Sie Nachrichten mit einer Ortsangabe (hier: ...),

wenn Sie sich an einem interessanten Ort aufhalten. Damit dies möglich ist, muss für den Ort eine Facebook-Seite angelegt worden sein.

Tippt man einen Buchstaben in das Nachrichtenfeld, erscheint eine dritte Zeile und dort wiederum ein Pinnsymbol, mit dem vorhandene „Orte" ausgewählt werden können. Nachdem die Nachricht veröffentlicht wurde, wird in der Meldung eine Verlinkung zur jeweiligen Seite bereitgestellt.

Sie können diese Funktion nutzen, wenn Sie zum Beispiel eine „Sonderschicht" in Ihrer Firma schieben, Sie bei einer Ausstellung oder Messe mitwirken oder sich auf Geschäftsreise befinden. Falls Sie sich beruflich an einem Ort mit einer weithin bekannten Sehenswürdigkeit aufhalten, setzen Sie eine Botschaft darüber ab. Beschreiben Sie kurz den Hintergrund dazu und freuen Sie sich über die vielen Reaktionen, die die Meldung wahrscheinlich generieren wird.

Setzen Sie gezielt auf positiv besetzte Destinationen mit Wiedererkennungswert, etwa aus dem Kunst-, Design- oder Architekturumfeld. So helfen Sie mit, dass Ihre Fans Ihren Standort auf besonders emotionale Weise wahrnehmen und mit einer Reaktion goutieren.

⇨ *Aktiv kommentieren*

Treten Sie auch abseits Ihrer Firmenseite in Erscheinung, indem Sie Beiträge anderer Menschen oder Seiten kommentieren. Es ist nicht wichtig, ob Sie Ihre Statements in privaten Profilen oder auf anderen Seiten abgeben - was zählt ist Ihr Engagement und dass Sie es tun.

Finden Sie heraus, auf welchen Seiten sich Ihre potenziellen Kunden aufhalten und seien Sie vor allem dort aktiv. Stechen Sie wohlwollend aus der Masse heraus!

Bitte verwechseln Sie solche Statements nicht mit klassischer Werbung – die will niemand auf Facebook sehen, und schon gar nicht in den Kommentaren.

Antworten Sie mit Witz, Charme und/oder Kompetenz, und präsentieren Sie sich damit als interessanter Ansprechpartner. Wer Sie sind und was Sie anbieten, erkennt man (hoffentlich) aus Ihrem Namen. So werden Sie und Ihr Betrieb sichtbar und Ihre Beiträge als „wertvoll" erlebt. Setzen Sie Facebook ein, wofür es geschaffen wurde: Um spannende Nachrichten in Umlauf zu bringen, die Quintessenz zu unterstützen und interessante Dialoge zu führen.

⇨ *Andere Seiten liken*

Zögern Sie nicht, andere Facebook-Seiten mit einem „Gefällt mir" zu markieren. In der Regel wiederholt die gelikte Seite diese Aktion und verbindet sich so auch mit Ihnen. Was daraus entstehen kann, ist eine themenbezogene Vernetzung verschiedener Facebook-Repräsentanzen.

Wichtig ist, dass bei einer Verlinkung ein thematischer Kontext erkennbar ist. So ergibt die Verbindung einen „Sinn", und trägt dazu bei, für Außenstehende einen Mehrwert zu generieren.

⇨ *Promotion der Facebook-Adresse*

Ich werde oft gefragt, wie lange es denn dauert, bis eine Unternehmensseite eine bestimmte Fan-Zahl erreicht hat. Darauf antworte ich häufig: Das kommt darauf an. Eine wichtige Triebkraft ist das Ausmaß der Bemühungen, die das Unternehmen setzt, um die Facebook-Seite bzw. seine Adresse bekannter zu machen. Viele Firmen „vergessen" scheinbar darauf, die Facebook-Adresse auch außerhalb des sozialen Netzwerks zu verbreiten. Das ist schade, denn damit bleiben viele Möglichkeiten und Chancen auf neue Fans ungenutzt.

Es gibt eine Fülle von Wegen, um die Öffentlichkeit auf sein Facebook-Engagement hinzuweisen. Auf der einen Seite sollte man an die Online-Welt denken, aber natürlich auch die Offline-Welt nicht außer Acht lassen. Hier gibt es viele Quellen für einen raschen und meist auch preisgünstigen Fanzuwachs.

Wird die Facebook-Adresse ausgiebig kommuniziert, wächst die Fanzahl meist schneller, als ohne derartige Bemühungen. Und genau das ist oft ein zentrales Anliegen vieler Betriebe: Dass die Unternehmensseite rasch wächst und vor allem viele Fans vereint.

Nicht selten sind Unternehmen verunsichert oder sogar verärgert, wenn sich die Fan-Community trotz umfassender Bemühungen nicht vergrößert oder vielleicht sogar stagniert. Ich frage dann immer, welche Aktivitäten denn gesetzt wurden, um auf die Facebook-Seite aufmerksam zu machen. Die Antworten darauf fallen häufig lau aus. Aus diesem Grund möchte ich hier einige Möglichkeiten auflisten, wie der Bekanntheitsgrad einer Facebook-Seite gewinnbringend, und mit verhältnismäßig wenig Aufwand gesteigert werden kann.

Der erste Tipp ist vor allem für Ein-Personen-Unternehmer wichtig. Er bezieht sich darauf, das private Facebook-Profil mit der Unternehmensseite zu verbinden. Dies ist einfach möglich und erfordert lediglich eine entsprechende Angabe beim Punkt „Arbeitet bei …". Die Verlinkung geht vom privaten Profil aus und kann im Bereich „Info" vorgenommen werden.

Als weitere Möglichkeit bietet sich die Nutzung vorhandener Schriftstücke oder Druckunterlagen an. Denken Sie dabei an Ihre Visitenkarten, Firmenfolder, Info-Unterlagen oder auch Ihre Ausgangspost, wie Rechnungen, Mailings, Bestell- und Auftragsbestätigungen, usw. Falls Sie ein Kunden- und/oder Mitarbeitermagazin herausgeben, findet sich sicher auch dort ein geeigneter Platz für die Promotion Ihres Facebook-Engagements.

Es ist egal, ob es sich um persönlich übergebene, elektronisch oder postalisch versendete Dokumente handelt. Wichtig ist, dass die Facebook-Adresse darauf zu finden ist und diese dem Leser auch gleich ins Auge springt.

Kleinflächige Aufkleber können hier eine wertvolle und gewinnbringende Lösung sein, weil sie auf den meisten Flächen ohne viel Aufwand befestigt werden können. Sie lassen sich auch als interessante Eyecatcher inszenieren, etwa auf der Rückseite Ihres Kalenders, Ihres Notebooks oder iPads.

Wenn Sie an Ihrem Unternehmensstandort Kunden empfangen oder dieser an einer stark frequentieren Straße liegt, könnten Sie diesen Umstand für sich nutzen. Ergänzen Sie Ihr Türschild an Ihrer Firmen-Eingangstür mit Ihrer Facebook-Adresse und eröffnen Sie so einen weiteren Kommunikationskanal zu Ihnen. So können Sie auf einfachem Weg auch jene Leute erreichen, die zwar laufend an Ihrer Eingangstür vorbeikommen, aber gar nicht wissen, wer sie sind und was Sie anbieten.

Nutzen Sie auch Ihr(e) Fahrzeug(e) und versehen Sie diese mit Ihrer Facebook-Adresse. In diesem Zusammenhang wird die Bedeutung eines „guten" Facebook-Namens abermals sichtbar. Und zwar in dem Sinne, als er den Unternehmensgegenstand treffend beschreibt und er hoffentlich gut einprägsam ist. So merkt man ihn sich, auch wenn man ihn nur kurze Zeit, etwa beim Vorbeifahren, sieht.

Ihre Facebook-Adresse sollte zuletzt auch im elektronischen Bereich transportiert werden. Denken Sie hier etwa an Ihre E-Mail-Signatur und Ihre Website. Falls bei Ihnen eingesetzt, sind Ihr Newsletter und Ihr Blog ebenso wichtige Adressträger, aber auch alle anderen Medien, die Sie in diesem Bereich einsetzen.

Auch alle anderen sozialen Medien, die Sie mit Neuigkeiten bedienen, sind geeignete Plattformen, um Ihre Facebook-Adresse zu kommunizieren. Populäre Plattformen sind Twitter, Xing, LinkedIn, YouTube, Google+, usw.

Auch Personen in Ihrem näheren Umfeld können Sie über Ihre Facebook-Firmenseite informieren. Vernetzen Sie sich mit privaten und beruflichen Bekannten, Mitarbeitern, Freunden und Projektpartnern. Vergessen Sie bitte nicht, bevorzugt auf Menschen zuzugehen, die sich zu Ihren Themen einbringen wollen. Viele stille Mitleser werfen kein gutes Bild auf eine Seite – zu leicht kann sich das Gefühl einschleichen, dass auf diesem Facebook-Auftritt nichts passiert.

Überlegen Sie, wo Ihr Unternehmen sonst noch in Erscheinung tritt, denn dort könnte überall eine wertvolle Quelle für neue Fans auf Sie warten: Im normalen Tagesgeschäft, wenn Sie Anzeigen schalten, Pressemitteilungen versenden, an Messen teilnehmen, sonstige Werbeaktivitäten starten, usw. Erstellen Sie eine Liste mit allen Aktivitäten und überlegen Sie, ob dort auch Ihre Facebook-Adresse mittransportiert werden kann – in der Regel tut es das.

Je prominenter Sie auf Ihre Facebook-Seite hinweisen, desto eher wird sie gefunden, beachtet und besucht. Dort liegt es dann an Ihnen, ob Sie einen Besucher in einen Fan verwandeln können. Mit spannenden Firmenbeiträgen gelingt es Ihnen, Leute langfristig an Ihr Unternehmen zu binden. Eine umfas-

sende Auswahl bewährter Themen finden Sie auf den nächsten
Seiten.

ÜBER 150 NACHRICHTEN-IDEEN

Sie suchen nach Ideen, was Sie auf Ihrer Facebook-Seite posten können? Dann sind Sie hier richtig. Auf den folgenden Seiten finden Sie Ideen für Meldungen, die sich in der Praxis schon x-fach bewährt haben.

Greifen Sie für Ihre Firma passende Themen auf und drücken Sie der Nachricht Ihren eigenen Stempel auf. Ergänzen Sie die Meldung mit einem eindrucksvollen Bild und berücksichtigen Sie den richtigen Veröffentlichungszeitpunkt. Und mit etwas Glück haben Sie damit eine Ihrer erfolgreichsten Facebook-Botschaften auf Schiene gebracht.

ALLGEMEINES & GERN GESEHEN

⇨ *Begrüßen Sie Ihre Fans herzlich*

Nachdem Sie Ihre Facebook-Seite eingerichtet haben, gilt es, mehrere Nachrichten vorzubereiten. Erst dann sollten Sie Ihre Seite veröffentlichen.

Überraschen Sie Ihre Besucher mit einer freundlichen Begrüßung, am besten auch mit einem Bild, das Ihren Unternehmensgegenstand klar und deutlich wiederspiegelt. Ein italienisches Restaurant verwendete zur Begrüßung ein Bild mit einer in Herzform gebackenen Pizza, auf welcher der Name des Unternehmens mit Gemüsestückchen arrangiert wurde. Eine nette Idee mit der man sofort erkennbar wurde, dass es sich hier um ein innovatives Pizza-Lokal handelt.

⇨ *Ein Spruch zur rechten Zeit*

Facebook-User stehen niveauvollen Sprüchen und Zitaten durchaus positiv gegenüber, vorausgesetzt sie werden nur gelegentlich verwendet und nicht regelmäßig, also Tag für Tag, eingesetzt.

Zitate sind in vielerlei Richtungen einsetzbar und ein wunderbares Mittel, um zahlreiche Reaktionen auszulösen. Wenn es Ihnen ein Anliegen ist, können Sie Welt-, Fest- oder Feiertage damit inszenieren (etwa den Weltnichtrauchertag oder den Muttertag) und für Ihre Firma nutzen. Wichtig ist, dass die Kernaussage mit Ihrem Unternehmensgegenstand harmoniert, oder Ihre persönlichen Prinzipien wiederspiegelt. Jedenfalls sollte verdeutlicht werden, warum Sie diesen Tag in einen besonderen Rahmen stellen, beziehungsweise Sie ihn hier erwähnen. Vielleicht können Sie dazu auch eine lustige Anekdote aus Ihrer Firma verraten.

Sie finden im Anhang eine Linkliste, mit der Sie zügig interessante Feier-, Gedenk- und Aktionstage ausheben und nutzen können.

⇨ *Sagen Sie Danke*

Geizen Sie nicht damit, sich bei Ihrer Community zu bedanken und von Zeit zu Zeit einen mehr oder weniger persönlichen Dank auszusprechen. Fans lieben es, gelobt und gewürdigt zu werden, und danken es in der Regel mit hoher Interaktion.

Setzen Sie etwa eine Dankesbotschaft ab, wenn Sie eine Fan-Zahl erreicht haben, über die Sie sich freuen oder auf die Sie besonders stolz sind. Dankes-Nachrichten bei 100, 500, 1.000 oder mehr Fans sind keine Seltenheit und werden meistens ausgiebig goutiert. Viele Firmen setzen auf 500er-Schritte, um nicht zu selten und auch nicht zu oft mit einer diesbezüglichen Dankes-Mail aufzutauchen. Kommt die Nachricht zu oft, kann sie Langeweile auslösen, und die gilt es auf jeden Fall zu vermeiden.

Eine Bäckerei ließ sich zum Dank von X-tausend Fans etwas Besonderes einfallen und produzierte dafür sogar ein eigenes *„LikeBrot"*. Das Brot war in Form einer Hand gestaltet, dessen Daumen nach oben zeigte (im Sinne des „Gefällt-mir-Daumens"). Das Foto wurde auf Facebook gepostet und mit der Einladung versehen, dass alle Fans, die in das Geschäft kamen und einen bestimmten Satz sagten, ein kostenloses „LikeBrot" erhielten.

⇨ *Anekdoten zum Tag*

Kramen Sie in Ihrer „Unternehmens-Geschichte-Kiste" und suchen Sie nach „historisch" bedeutenden Zeitpunkten. Dies könnte beispielsweise der Gründungstag des Unternehmens sein oder ein anderer Anlass, der in der Firma immer wieder thematisiert wird.

⇨ *Running Gags*

Gibt es in Ihrer Firma sogenannte „Running Gags", dh Ereignisse mit lustiger und unvorhergesehener Wendung? In vielen Betrieben gibt es solche „Highlights", die bei jeder Weihnachtsfeier oder jedem Grillfest „aufgewärmt" werden. Meistens ist ein Riesenspaß damit verbunden.

Da „Running Gags" nicht selten personenbezogen sind, ist es häufig nötig, die Person, die hier zum „Handkuss" kommt, zu nennen. Sie sollte mit der Veröffentlichung einverstanden sein und auf keinen Fall persönlich verletzt oder diffamiert werden.

⇨ *Wissenschaft und Praxis verbinden*

Kennen Sie ein interessantes, vielleicht auch ungewöhnliches Studienergebnis aus Ihrem Fachbereich? Wenn es sich mit einfachen Worten erklären, und sich vielleicht auch noch mit einer lustigen Bemerkung ergänzen lässt, könnte eine vielbeachtete Meldung daraus entstehen.

⇨ *Wenn nichts unmöglich ist*

Gehören Sie zu der Art von Unternehmen, die für ihre Kunden die ungewöhnlichen Wege gehen, um diese bedingungslos zufrieden zu stellen? Kennen Sie Beispiele, mit denen Sie Kunden aufgrund Ihres Verhaltens derart überrascht haben, dass sie Ihnen dies nie vergessen werden? Setzen Sie Aktivitäten, die weit über den Gepflogenheiten Ihrer Branche liegen?

Ja? Fantastisch! Solche Nachrichten, emotional verpackt, könnten Ihre Fans begeistern. Zögern Sie nicht, überdurchschnittliche Bemühungen aufzuzeigen. Solange Sie den Sachverhalt lustig und/oder unterhaltsam präsentieren, wird Ihnen dies bei rechter Dosierung keiner übel nehmen.

⇨ *Freude und Erfolg ausdrücken*

Sie haben lange um einen Auftrag, ein neues Projekt oder einen anderen derartigen Erfolg gerittert und nun endlich ein positives Ergebnis erreichen können? Gratulation! Wenn Sie keine Verschwiegenheitsverpflichtung unterschrieben haben, können Sie wahrscheinlich darüber berichten. Stellen Sie Ihre Kompetenz ins rechte Licht und freuen Sie sich über Ihre Leistung – und lassen Sie Ihre Fans daran teilhaben.

⇨ *Gute Wünsche aussprechen*

Zeigen Sie sich gesellig und sprechen Sie zu Feiertagen oder anderen Anlässen gute Wünsche aus. Schließlich ist Facebook eine soziale Plattform, auf der sich Besucher unterhalten wollen. Herzliche Nachrichten sind dabei immer willkommen.

Übermitteln Sie Ihrer Community wohlwollende Grüße und Wünsche für schöne Feiertage, einen guten Jahreswechsel, usw. Heißen Sie mit Ihren Fans den Frühling, Sommer, Herbst oder Winter willkommen. Oder thematisieren Sie ein anderes Ereignis, das Ihnen besonders am Herzen liegt.

Verbinden Sie Ihre Glückwünsche mit einem emotionalen Bild, in dem auch Ihre Produkte als Schausteller vorkommen. So schaffen Sie es, einen Spagat zu Ihrer Firma herzustellen. Kreative Ideen sind in der Lage, Ihre Community zu begeistern - und Sie präsentieren sich einmal mehr als einfallsreiches Unternehmen.

⇨ *Bericht über persönliche Ereignisse*

Auf Facebook gilt das ungeschriebene Erfolgsrezept, sich von seiner persönlichen Seite zu zeigen und sich emotional zu präsentieren. Firmen, die diesen Ansatz aufgreifen, sind in der Regel erfolgreicher als andere. Zum einen fallen Reaktionen auf Nachrichten viel umfassender aus als bei anderen vergleichbaren Seiten. Zum anderen wird der Zuwachs an neuen Fans in positivem Sinne beeinflusst. Besucher sind neugierig und wollen die handelnden Akteure einer Firma kennenlernen. Wer persönlich präsent ist, schiebt andere ins Abseits.

Aus diesem Grund ist es zielführend, ab und zu Einblicke in die private Sphäre zu gewähren. Teilen Sie Ihren Fans mit, wenn Sie heiraten, ein neues Familienmitglied begrüßen oder sich ein anderes Ereignis zugetragen hat, das Ihr Leben verändert.

Denken Sie dabei nicht nur an erfreuliche Geschehnisse, sondern auch an traurige. Auf der Fanpage eines renommierten Hotels war etwa zu lesen, dass der Großvater des Hausherrn verstorben war. Kurz zuvor hatte man noch voller Freude bildhaft dargestellt, wie Opa und Enkel im Hotelfoyer miteinander spielten.

⇨ *Lassen Sie Fans einen Namen finden*

Sind Sie gerade auf der Suche nach einem neuen Namen? Etwa für ein neues Produkt, einen mobilen Verkaufsstand, ein Firmenfahrzeug, eine Produktionshalle oder eine Abteilung?

Wie wäre es, wenn Sie hierbei Ihre Community einbinden und nach ihren Ideen befragen? Wenn Sie für den „Entdecker" der besten Idee einen netten Preis ausloben, können Sie die Mitwirkungsrate mit Sicherheit noch einmal ordentlich pushen – und als Gewinn dezent auf eines Ihrer Produkte hinweisen.

Ihre Fangemeinschaft bringt sich wahrscheinlich umfassend ein und wird möglicherweise auch Ideen auf Ihr Radar bringen, an die Sie noch gar nicht gedacht haben. Nutzen Sie das Potenzial Ihrer Fans, Sie können nichts dabei verlieren.

Wenn Sie diesen Weg beschreiten, beachten Sie bitte, dass Sie in der Folge auch das Endergebnis präsentieren sollten. Geben Sie dabei bekannt, warum Sie sich für eine Alternative entschieden haben. Falls Sie zur Namensfindung ein Gewinnspiel inszeniert haben, sollten Sie auch den Sieger nennen.

⇨ *Aufgreifen tagesaktueller Ereignisse*

Gibt es ein Thema, das gerade durch alle Medien geht? Wenn Sie einen (auch indirekten) Bezug zu Ihrem Unternehmen wahrnehmen, könnten Sie den Sachverhalt aufgreifen.

Ein Würstelstand freute sich über den Sieg des Eurovision Song Contests von Conchita Wurst und postete auf ihrer Facebook-Seite ein Bild, auf der eine Wurst mit einem Bart abgebildet war. Der Meldungstext wurde humorvoll und nett formuliert und es war auf den ersten Blick ersichtlich, dass der Beitrag auf keinen Fall als unfreundlich oder rassistisch zu werten sein sollte. Die Leser erkannten dies sofort und freuten sich ebenso über den (österreichischen) Erfolg und lobten insgeheim auch die spontane und gut umgesetzte Meldungsidee.

Beachten Sie in solchen Fällen immer, dass die Verbindung zu dem Unternehmen sofort ersichtlich sein muss, und der Text keine falsche Interpretation zulässt.

Zuletzt noch eine gute Nachricht: Facebook pusht Themen, die aktuell in aller Munde sind. Wenn Sie ein solches Thema aufgreifen, wird Ihre Meldung wahrscheinlich öfter und prominenter platziert ausgestrahlt.

⇨ *Aktuelles aus dem Fachbereich*

Zeigen Sie, dass Sie in Ihrem Fachgebiet auf dem neuesten Stand sind und bringen Sie regelmäßig wichtige Fachbeiträge ein. Vor allem bei Wissensanbietern ist diese Vorgehensweise wichtig, weil die vorhandene Kompetenz damit laufend unterstrichen wird. Idealerweise verlinken Sie dabei auf Ihre eigene Blogbeiträge und nur selten auf fremde Websites.

Die Praxis zeigt, dass die Veröffentlichung von Informationen, Neuigkeiten, Studien, usw. ein Themenfeld ist, das noch zahlreiche Verbesserungspotenziale birgt. Sehen wir uns an, welche Aspekte immer wieder auffallen:

Oft gelingt es nicht, im Nachrichtentext klarzumachen, warum ein verlinkter Beitrag für den Leser wichtig sein könnte. Häufig werden Überschriften nur leicht abgewandelt und keine Hinweise ergänzt, warum man sich der Absender entschieden hat, auf den Beitrag zu verlinken. Diese Vorgehensweise kann für Fans verwirrend sein und sie veranlassen, diese Meldung gedanklich auszublenden und den Inhalt zu ignorieren. Der Leser konzentriert sich sodann auf die nächste Botschaft und erahnt nicht, was Sie mit Ihrer Nachricht bezwecken wollten. Das bedeutet für Sie, dass Sie Ihren Fan zum nächsten Beitrag weitergeschickt, und eine Chance auf eine Interaktion mit Ihnen verspielt haben.

Bitte bedenken Sie stets, dass in vielen Fällen nur Sie selbst wissen, warum eine Information oder ein verlinkter Text für Ihre Community wichtig ist – weil Sie der Experte in Ihrem Fachgebiet sind. Es gilt also, im Nachrichtentext herauszustreichen, welche Vorteile der Leser daraus zieht, wenn er Ihrem Link folgt und den vorgestellten Beitrag liest.

Wie wichtig es ist, Verlinkungen ausführlich zu beschreiben, zeigt die Tatsache, dass auch Facebook ein Auge darauf wirft. Sollte ein Leser nach einem Klick auf eine fremde Seite rasch wieder zur Plattform zurückkehren, nimmt Facebook an, dass der Leser nicht gefunden hat, wonach er suchte. Diese Beurteilung hat zur Folge, dass der Qualitätslevel des Links nach unten gestuft wird. Dies kann bewirken, dass die Nachricht seltener zur Ausstrahlung gelangt. Facebook strebt danach, seinen Nutzern im Nachrichtenstrom einen hohen Qualitätslevel anzubieten – aus diesem Grund werden hochwertige Meldungen bevorzugt. Versuchen Sie daher, kurze Besuchszeiten auf fremden Seiten zu verhindern, indem Sie im Nachrichtentext genau beschreiben, was den User erwartet, wenn er Ihrem Link folgt.

Diesem Netzwerk ist in diesem Zusammenhang egal, ob Sie Fans auf Ihre eigene Website führen oder auf fremde Homepages locken. Für Sie als Unternehmer sollte das nicht so sein – Sie sollten beachten, dass Facebook Ihre Quelle für neue Kunden sein kann. Schicken Sie Fans daher nicht zu oft auf fremde Seiten, sondern vor allem zum eigenen Webauftritt.

Das bedeutet, dass Sie auf Ihrer eigenen Website einen Bereich einrichten sollten, auf dem Sie Artikel veröffentlichen können, etwa einen Blog. So schaffen Sie die ideale Basis, um Fans von Facebook abzuziehen und auf Ihrer eigenen Plattform (Ihrer Homepage) an sich zu binden. Versuchen Sie, konsequent aber nicht aufdringlich, einen Eintrag in Ihren Newsletter-Verteiler zu erzielen. So gelingt es Ihnen eher bei Ihren Interessenten präsent zu sein, wenn sie einen Kauf tätigen wollen. Studien haben gezeigt, dass Leute oft nicht sofort ein Produkt kaufen möchten, sondern sich zuerst nach geeigneten Anbietern und Produkten umsehen. Dieses Bedürfnis sollten Sie beherzigen und Interessenten mit jeder Ihrer Aussendungen zeigen, dass Sie der richtige Anbieter für den einzelnen Interessenten sind. Nach und nach lernt Ihr Newsletter-Abonnent Sie besser kennen, was Ihnen bei der Akquise eines neuen Kunden mit Sicherheit zugutekommt. Es muss also gelingen, zur rechten Zeit am rechten Ort zu sein – Ihr Newsletter hilft Ihnen dabei.

Natürlich können Sie Ihre Fans auch auf fremde Beiträge weiterleiten oder auf fremde Seiten schicken (wenn Sie dort einen Gastartikel verfasst haben). Bitte behalten Sie aber immer im Hinterkopf, dass damit potenzielle Kunden auf andere Quellen verwiesen werden. Sie zeigen damit zwar, dass Sie wissen, welche Themen in Ihrem Fachbereich on top sind, nicht aber, ob Sie die Inhalte vielleicht noch einen Tick besser hätten erklären, oder zielgruppengerechter illustrieren können.

⇨ *Eigene Statements und Zitate*

Weiter oben haben wir bereits besprochen, dass Zitate häufig eine Quelle für überdurchschnittliche Reaktionen sind. Gehen Sie einen Schritt weiter und kommunizieren Sie Statements von Ihnen, zitieren Sie sich also selbst. Inszenieren Sie Ihre Aussage mit einem impulsiven Bild und vergessen Sie nicht, Ihren Namen unter Ihr Statement zu setzen. Nur so kann nachvollzogen werden, dass Sie der Schöpfer des jeweiligen Spruches sind.

Möglicherweise trafen auch Sie schon einmal in einem Kundengespräch eine Aussage, die nicht nur Ihr Gegenüber, sondern auch Sie selbst in Erstaunen versetzte. Seien Sie stolz auf Aussagen, die im Grunde genau das wiedergeben, was Sie denken – und präsentieren Sie diese mutig.

Mein eigenes Lieblingszitat lautet etwa „Meine Welt ist das Marketing, meine Heimat das Internet". Mehr ist dazu nicht zu sagen. Es verdeutlicht, was es ist, und bis zum Zeitpunkt der Aussprache nicht in Worte gefasst wurde.

Auf der Facebook-Seite eines Teegeschäftes fand sich eine Nachricht, die drei Mal so viele Interaktionen auslöste als alle anderen interaktionsstarken Meldungen. Sie lautete: „Zeit für Tee!" – dazu ein wunderbares Bild mit Hügellandschaft, Gewitterwolken und Nebelschwaden. Eine weitere Meldung, die überdurchschnittlich viel Resonanz auslöste, beinhaltete den Text „Tee verbindet". Kaum zu glauben, oder?

Sie sehen, Fans sind nicht leicht einzuschätzen, oder hätten Sie darauf getippt, dass solche Meldungstexte einen derartigen Widerhall auslösen? Obwohl, und das muss schon auch erwähnt werden, die Fotos dazu mehr als genial, und geradezu prädestiniert für die Untermalung der gewählten Worte waren. Die Macht von Fotos wird oft unterschätzt, und nicht selten bleibt sie unausgespielt, weil Links zu guten, aber dennoch günstigen Bilddatenbanken fehlen. Wenn es Ihnen genauso geht, werfen Sie einen Blick in den Blog von Likesmedia.de. Mit den Stichworten „Bilddatenbank" und „Facebook" finden Sie in der Seiten-eigenen Suche gut recherchierte Listen.

Wenn Sie sich einen Überblick verschaffen möchten, wie Sie Ihre Zitate inszenieren könnten, helfen Ihnen Suchmaschinen zügig weiter. Tragen Sie in das Suchfeld das Thema ein, zu dem Sie einen Spruch finden wollen, und erweitern Sie die Abfrage mit dem Stichwort „Weisheiten". Bei Google werden bei den Ergebnissen nicht nur Websites eingeblendet, sondern auch Fotos mit Sprüchen (wechseln Sie dazu in den Reiter „Bilder"). So finden Sie rasch inspirierende Ideen, oder ansonsten zumindest gute Zitate.

⇨ *Aktions- und Gedenktage aufgreifen*

Bringen Sie Abwechslung in Ihre Meldungen und setzen Sie von Zeit zu Zeit auf internationale Aktions- und Gedenktage.

Wenn Sie etwa Ihre morgendliche Kaffeetasse über alles stellen, könnten Sie den internationalen Kaffeetag mit Ihnen in Verbindung setzen und in einer Meldung aufgreifen. Wenn Männer zu Ihrer Hauptzielgruppe zählen, den Weltmännertag, usw. Mit dem Welttag der sozialen Kommunikationsmittel, dem Weltspartag, dem Weltvegantag oder den Weltmusiktag sind nur einige weitere Beispiele genannt, die inszeniert werden könnte. Aktuelle und umfangreiche Listen finden Sie über unsere Linkempfehlungen im Anhang.

⇨ Ihr Namenstag, ein „Feiertag"

Kennen Sie das Datum Ihres Namenstages? Sie könnten ihn nutzen, um diesen in einen „Feiertag" zu verwandeln. Laden Sie Ihre Fans zur Feier des Tages auf etwas ein, vielleicht eine Tasse Kaffee in Ihrem Laden. Natürlich funktioniert auch ein anderes Geschenk, das Ihnen nicht viel Aufwand verursacht, Ihre Fans aber als nettes Präsent wahrnehmen.

⇨ Naturschauspiele aufgreifen

Widerfährt Ihnen gerade ein Naturspektakel, das Ihnen Freude bereitet oder Sie in ungewöhnliches Erstaunen versetzt? Erleben Sie eine unübertreffliche Frühlings-, Sommer-, Herbst- oder Winterstimmung? Oder ereilt Sie ein anderes Ereignis von seiner schönsten oder ungewöhnlichsten Seite? Bilden Sie Ihre Eindrücke ab und teilen Sie diese mit Ihren Fans. Imponierende Aufnahmen sind oft willkommen und werden häufig goutiert. Nicht selten geben diese Anlass zu zahlreichen Kommentaren.

⇨ Regionalen Bezug herstellen

Auch wenn Menschen für Urlaube immer weiter in die Ferne schweifen und Ferien in weit entfernten Destinationen am interessantesten erscheinen, sind viele Leute mit ihrer Heimatregion verbunden.

Im täglichen Leben bedeutet das, dass immer mehr Menschen

Produkte aus der näheren Umgebung erwerben wollen. Wenn Sie regionale Erzeugnisse anbieten, betonen Sie den naheliegenden Ursprung. Wenn Sie Lebensmittel herstellen, bilden Sie Ihre Rohstoffe im Wachstumsprozess ab. Wenn Sie Hölzer verarbeiten, zeigen Sie, wo die Bäume heranwuchsen. Zeigen Sie, dass Ihnen eine regionale Wertschöpfung wichtig ist und nicht nur Sie, sondern auch Ihre Kunden den Weg für eine lokale Wertschöpfung vorantreiben.

⇨ *Bild des Monats*

Haben Sie das Glück, immer wieder besonders spektakuläre Geschehnisse hautnah miterleben zu dürfen? Lassen Sie Ihre Facebook-Fans daran teilhaben und dokumentieren Sie diese mit einem Bild. Sie könnten die Fotos sofort, oder im Sinne eines monatlichen Rückblicks veröffentlichen.

Vielleicht lassen Sie Ihre Fans gelegentlich abstimmen, welches Bild am besten gefällt oder die meisten positiven Assoziationen auslöst.

⇨ *Guten-Morgen-Gruß*

Auch wenn oft von Guten-Morgen-Grüßen abgewunken wird, schaffen solche Meldungen doch ein zugkräftiges Potenzial für eine Anhebung der Interaktionsrate. Wer einen lustigen Gruß mit Herz, Charme und guter Laune übermittelt, kann eigentlich nichts falsch machen.

Setzen Sie dabei auf keinen Fall auf eintönige Textnachrichten – das ist genau das, was am wenigsten bei Ihren Fans ankommen wird. Aber mit einem Bild, das ein, zwei Mitarbeiter zeigt, im Hintergrund Teile der Produktion hervorblitzen lässt und vielleicht auch noch ein passendes Zitat enthält, mit so einer Meldung werden Sie mit Sicherheit punkten. Wünschen Sie Ihren Fans einen wundervollen Tag und Sie werden erstaunt sein, wenn nett Ihre Fans darauf reagieren.

⇨ Achtung, Fernsehtipp!

Sie möchten Ihre Fans über eine Dokumentation, eine Diskussionsrunde, einen Beitrag, usw. informieren? Egal ob Sie als Gastredner oder anderweitig involviert sind oder nicht, scheuen Sie nicht davor zurück, Ihre Fans darüber zu berichten. Gehen Sie davon aus, dass sich Ihre Facebook-Anhänger für Themen interessieren, die für Sie relevant sind – vor allem, wenn sie in Zusammenhang mit Ihrem Unternehmensgegenstand oder Firmenvision stehen. Posten Sie den Termin ein bis zwei Tage vorher, dann ist es leichter möglich, Ihrem Tipp zu folgen.

⇨ Tipp für das Wochenende

Wird am Wochenende schlechtes Wetter vorausgesagt oder sind an den letzten Wochentagen besondere Ereignisse mit hohem gesellschaftlichem Bezug (Fußballspiel, Konzert, Hitze, usw.), könnten Sie die Situation unter Umständen für sich nutzen. Überlegen Sie, ob Sie einen Bezug dazu herstellen, oder etwas anbieten können, das den Fans die Umstände erleichtert oder verschönert. Denken Sie an „schlanke" Rezepte nach dem Weihnachtsfest oder erfrischende Getränke bei anstehender Hitze, Entspannungsübungen, Buchtipps usw.

Vergessen Sie nicht, einen Bezug zu Ihren Produkten herzustellen, ansonsten erzielen Ihre Bemühungen nur wenig Wirkung.

⇨ Wertvolle Tipps und Anregungen

Tipps, wie man Produkte gut oder besser nutzen kann, stiften wirklichen Mehrwert und genau das wird auf Facebook geschätzt. Bieten Sie Hilfestellung zur Nutzung Ihrer Produkte und Leistungen, und ernten Sie dafür die Zustimmung Ihrer Community.

Recht beliebte Beispiele sind Rezepttipps, Entspannungstipps, Ausflugstipps, Waschanleitungen, Verwendungstipps, usw.

Ziehen Sie in diesem Zusammenhang auch auf eine vor- oder

nachgelagerte Stufe Ihres Unternehmensgegenstandes in Betracht.

Wertvolle Anregungen ergeben sich nicht selten aus den Kommentaren der Fans. So wurde etwa in einem Online-Shop häufig nachgefragt, welche Zahlungsmöglichkeiten das Unternehmen bietet. Aus diesem Faktum ergeben sich gleich zwei Ansatzpunkte, die Erleichterung für Kunden schaffen: Man könnte auf den Fotos, auf denen Produkte präsentiert werden, einen gut sichtbaren Hinweis auf die Bezahlmöglichkeiten (etwa mit kleinen Icons) mitliefern. Als Zweites sollte die Information immer wieder thematisiert werden. Bargeldlose Zahlungsformen sind nun einmal ein besonderer Vorteil für Käufer – und dies sollte auch als solches kommuniziert werden.

⇨ *Frühjahrsputz!*

Unglaublich, aber wahr! Mehrere Beispiele auf unterschiedlichen Firmenseiten haben gezeigt, dass Fans auf Nachrichten über einen Frühjahrsputz extrem positiv reagieren.

Probieren Sie es aus, ob dies auch bei Ihnen so ist. Zeigen Sie auf einem Foto, welcher Ort wieder ins rechte Licht gerückt wurde (Arbeitsplatz, Verkaufsräume, Lager, Werkstatt, usw.) und verbinden Sie die Nachricht mit einem Lob und einem Dank an Ihre Mitarbeiter. Betonen Sie Ihre Freude, dass diese ihre Arbeitsplätze sauber halten (natürlich nur, wenn das wirklich zutrifft!). Sind Sie eine One-Man-Show, könnten Sie sich gegebenenfalls selbst auf die Schulter klopfen und Ihre Botschaft mit einem Smiley versehen. Dann wird jeder verstehen, dass Sie sich selbst auf's Korn nehmen, und das passt gut, denn auch Spaß muss sein.

⇨ *Es grünt so grün*

Lieben Sie Pflanzen und verschönern Sie damit Ihre Büros? Nutzen Sie innovative Verfahren die mit Pflanzen zu tun haben? Unterhalten Sie in Ihren Büros oder auf Ihrer Firmenfassade vertikalen Gärten? Ja? Sehr gut – das ist eine Meldung wert.

Warum das Thema Pflanzen extra hervorgehoben wird? Weil Pflanzen die Luft verbessern, und jeder Mensch gute Luft genießen möchte. Wenn Sie in diesem Bereich Aktivitäten setzen, helfen Sie mit, Ihre Umgebung gesünder zu gestalten, und dafür gebührt Ihnen Lob. Testen Sie, ob Ihre Fans das genauso sehen.

⇨ *Das Unternehmen aus Kinderaugen*

Gibt es bei Ihnen Gelegenheiten, bei denen Kinder Gäste Ihres Hauses sind? Das könnte im Rahmen einer Sommerakademie, eines Firmenbesuches, einer Veranstaltung, usw. sein.

Vielleicht organisieren Sie dabei auch einen Malwettbewerb mit dem Ziel zu erfahren, wie Kinder ihr Unternehmen „sehen". Mit Zustimmung der „Künstler" könnten Sie einige Bilder auf Facebook posten und sich ein weiteres Mal für den Besuch und die Mitwirkung bedanken.

Bitte beachten Sie, dass Kinder nicht fotografiert werden dürfen – außer Sie besitzen die ausdrückliche Zustimmung der Eltern, am besten schriftlich. Falls kein Einverständnis vorliegt, ist eine Klage wegen Verletzung der Persönlichkeitsrechte möglich.

⇨ *Hervorhebung als Insidertipp*

Wurde Ihr Unternehmen als „Insidertipp" auserwählt, freuen Sie sich mit Ihren Fans und teilen Sie ihnen dies mit. Egal wer Ihre Firma unter die Besten der Besten auserkoren hat, er hat Ihren Dank verdient! Holen Sie ihn auf Ihre Bühne und revanchieren Sie sich, indem Sie auf den Blogartikel, den Reiseführer, oder wo auch immer die Nominierung bekannt gegeben wurde, hinweisen. Eine Hand wäscht die andere, und mit einer Nennung in einer Ihrer Meldungen können Sie Ihren Fürsprecher einfach, aber öffentlichkeitswirksam in Szene setzen.

Diese Idee könnte Sie motivieren, selbst eine Top-3- oder Top-10-Liste aufzustellen. Wählen Sie aus dem Kreis Ihnen nahestehender Firmen die Besten aus und feiern Sie diese auf Ihre Facebook-Seite. Begründen Sie Ihre Entscheidung, bedanken Sie sich für die gute Zusammenarbeit und stellen Sie eine Verlinkung zu der Seite der ausgewählten Betriebe her.

Für Verlinkungen revanchiert man sich für gewöhnlich mit einer ebensolchen auf der eigenen Facebook-Seite. Wenn nicht gleich, dann zu einem späteren Zeitpunkt. Soziale Netzwerke „leben" von gegenseitigen Verlinkungen – wer sie richtig nutzt, kann davon in hohem Maße profitieren und sich rasch auf die Siegerstraße bugsieren.

⇨ *Trends thematisieren*

Gibt es in Ihrer Branche Entwicklungen, denen Sie positiv oder kritisch gegenüberstehen? Greifen Sie diese auf und tauschen Sie sich mit Ihren Fans darüber aus. Erfahren Sie, was Ihre Anhänger zu diesem Thema denken – und gewinnen Sie damit ein deutlicheres Bild von Ihrer Community. Dieses Wissen kann Ihnen helfen, kundenorientierter und zielgerichteter mit potenziellen Veränderungen umzugehen.

Falls es sich um sehr komplexe Themenfelder handelt, könnten Sie überlegen, diese inhaltlich aufzuarbeiten und in gut verständlicher Form darzustellen. Helfen Sie Ihren Fans, daraus potenzielle Auswirkungen ableiten zu können: Für Sie, Ihre Community und die ganze Gesellschaft.

⇨ *Aktivitäten für das Gemeinwohl*

Sie haben sich entschieden, aktiv ein Projekt im Gemeinwohl zu initiieren, voranzutreiben oder zu unterhalten? Etwa für eine sauberere Gemeinde, für einen kostenfreien Sprachunterricht oder eine andere Idee, die Ihnen am Herzen liegt? Nutzen Sie Facebook als Plattform, um darüber zu berichten und weitere Fürsprecher zu finden. Dieses Netzwerk kann der ideale Ort sein, um eine Idee auf einen neuen Level zu heben.

⇨ Sponsoring an Einrichtungen

Ehrenamtliche Einrichtungen und deren Mitarbeiter leisten oft Außergewöhnliches. Das Ausmaß der in der persönlichen Freizeit erbrachten Leistungen ist meist nur selten greifbar, nicht selten liest man nur in jährlichen Geschäftsberichten davon.

Unterhalten Sie eine Firma, die diese Leistungen würdigt und in besonderem Maße unterstützt, sollten Sie dies auch an Ihre Umwelt weitertragen. Betonen Sie die Leistungen von Rettung, Rotem Kreuz, Feuerwehr, usw. und informieren Sie Ihre Fans, warum Ihnen die Unterstützung der von Ihnen gewählten Institution so wichtig ist. Auf diesem Weg zeigen Sie sich von Ihrer menschlichen Seite - und genau das schätzen viele Facebook-Fans. Ein hoher Zuspruch wird Ihnen in vielen Fällen sicher sein.

⇨ Unterstützung von Projekten

Ist Ihr Betrieb an Projekten beteiligt, die soziale, wirtschaftliche oder technische Anliegen verfolgen und hier deutliche Verbes-serungen vorantreiben wollen? Denken Sie dabei nicht nur langfristige Engagements, sondern auch an kurzfristige Vorhaben. Vergeben Sie Aufträge an soziale Einrichtungen oder unterstützen Sie Crowdfunding-Projekte junger Start-ups? Egal worum es sich handelt, wenn Sie darüber berichten, strahlen nicht nur Sie in einem besonderen Licht, sondern auch die von Ihnen unterstützte Organisation.

⇨ Organisation einer Blutspendeaktion

Sind in Ihrem Unternehmen Mitarbeiter beschäftigt die daran interessiert sind, Blut für andere Menschen zu spenden? Es gibt immer wieder Zeiten, in denen Vorräte für Blutkonserven knapp sind oder nicht im benötigten Umfang zu Verfügung stehen.

Genau dann könnten Sie einen wertvollen Beitrag für die

Gemeinschaft leisten und mit gutem Vorbild vorangehen. Solche Aktionen stärken nicht nur das Ansehen in der Öffentlichkeit, sondern nährt auch den Stolz Ihrer Mitarbeiter, in einem sozial engagierten Unternehmen tätig zu sein.

⇨ *Sportliche Großereignisse als Aufhänger nutzen*

Greifen Sie sportliche Großereignisse auf, um diese mit einem Produkt von Ihnen zu verbinden. Denken Sie etwa an die Fußball-Weltmeisterschaft, den Eurovision Song Contest, usw. Profitieren Sie von der breiten Publicity und dem positiven Image, das mit der Veranstaltung in Verbindung gebracht wird.

Überlegen Sie, wie Sie auf witzige Art und Weise eine Verbindung zu dem Event herstellen können. Bei einem Bierproduzenten fand sich etwa ein Bild mit einer „Aufstellungsempfehlung" zur Fußball-Weltmeisterschaft. Dazu wurden die Bierflaschen auf die Positionen der Fußballspieler gestellt und lustig interpretiert. Ein Bild mit wenig Aufwand und enorm positiver Resonanz!

Sollte kein Bezug zu Ihrem Unternehmen herstellbar sein, so könnten Sie der Nationalmannschaft Ihre guten Wünsche übermitteln und den Lesern ein spannendes Spiel wünschen.

UNTERNEHMENSENTWICKLUNG

⇨ *Rückblick auf das vergangene Jahr*

Nehmen Sie zum Jahresende Bezug auf das abgelaufene Jahr und erstellen Sie einen repräsentativen Rückblick. Dies könnte im Rahmen einer Fotogalerie erfolgen, die Sie auf Ihrer Facebook-Seite hinterlegen. Falls Sie die Bilder mit Texten unterstützen wollen, ist der Verweis auf Ihre Website oder in Ihren Blog ratsam.

Geben Sie Ihren Fans die Chance, sich mit Ihnen zu freuen und dokumentieren Sie gelungene Erfolge. Nebenbei lernt Ihre Community Ihren Betrieb noch besser kennen was Ihnen helfen kann, (noch) mehr Aufträge an Land zu ziehen.

⇨ *Blick in die Zukunft*

Stehen spannende Projekte ins Haus oder suchen Sie nach einem redaktionellen Thema zum Jahreswechsel? Werfen Sie einen Blick in die Zukunft und malen Sie für Ihre Fans ein Bild mit möglichen Themen und Projekten. Sie können hier auch mutig sein und kühne Vorhaben ansprechen – so sehen Ihre Fans, in welche Richtung Sie sich weiter entwickeln wollen und was Sie sich selbst zutrauen. Eine fantastische Gelegenheit, um nebenbei interessante Projekte auf Schiene zu bringen!

⇨ *Anekdoten aus früheren Zeiten*

Gewähren Sie Einblicke in Ihren Unternehmensalltag und erzählen Sie Anekdoten aus früheren Zeiten. Sie könnten einen Vergleich anstellen zu Veränderungen, die sich aufgrund betrieblicher Umstellungen ergaben (zum Beispiel im Falle einer Produktionshallen-Vergrößerung). Oder als das Unternehmen noch viel weniger Mitarbeiter beschäftigte als es heute der Fall ist. Eine solche Meldung bietet übrigens auch den passenden Rahmen, um den Angestellten für die gute Mitarbeit zu danken.

Sollten Sie Beschäftigte namentlich erwähnen, oder in einem Bild vorstellen wollen, vergessen Sie bitte nicht, dass dazu das Einverständnis der betreffenden Person vonnöten ist. Nicht wenige Firmen „vergessen" darauf und vergraulen damit unabsichtlich ihre Mitarbeiter.

⇨ *Ein Grund zum Feiern!*

Feiern Sie demnächst ein besonderes Firmenjubiläum, einen „Geburtstag" einer Abteilung, eines Geschäftsfeldes, oder etwas anderem, was für Ihr Unternehmen von besonderer Bedeutung ist?

Solche Ereignisse lassen sich übrigens mehrfach für eine Meldung nutzen. Sie könnten im Vorfeld das Ereignis an sich thematisieren und auf ein dazugehörendes Fest hinweisen, wenn Sie Feierlichkeiten dazu planen. Wenn die Vorbereitungen in vollem Gange sind, lassen sich bestimmt einige Schnappschüsse einfangen und in eine lustige Meldung verpacken. Eine Nachberichterstattung mit leutseliger Fotogalerie verhilft Ihnen zu einem weiteren, meist willkommenem Beitrag.

Vielleicht nutzen Sie den Anlass auch, um Ihre Fans in Ihr Unternehmen einzuladen, um ihnen dort ein nettes Präsent zu überreichen. So legen Sie eine sympathische Schiene von der virtuellen Welt ins wahre Leben, und verwandeln mit etwas Glück auch einen Fan in einen Kunden.

Versuchen Sie, den virtuellen Touch abzubauen, und werden Sie (an)greifbar. Eine Einladung zu einem Besuch in Ihrer Firma kann ein erster Schritt dazu sein.

⇨ *Aus dem Firmenarchiv*

Unternehmen Sie mit Ihren Fans eine Zeitreise und posten Sie Bilder, die Sie in Ihrem Archiv finden (und deren Bildrechte Sie besitzen). Denken Sie dabei an Fotos Ihrer ersten Produkte, vom Firmeninhaber, dem Geschäftsführungsteam oder Mitarbeitern, die seit der Firmengründung mit an Bord sind.

Meldungen und Bildergalerien, die unter einem Motto wie „Vor XX Jahren" oder „Wie alles begann..." stehen, sind meistens recht beliebt und häufig eine Quelle für zahlreiche Reaktionen.

Falls Sie alte Baupläne, Zeichnungen, Zielevereinbarungen oder sonstige Dokumente aus vergangenen Tagen besitzen, könnten Sie diese ebenso thematisieren. Marschieren Sie mit Ihren Fans auf alten Pfaden und übertragen Sie die daraus entstehende gute Stimmung in das heutige Dasein. Viele Menschen lieben es, in „alte Kisten" zu schauen und bescheren Ihnen damit zahlreiche Reaktionen. Und das wiederum hilft Ihnen, noch mehr Leute auf Facebook zu erreichen.

⇨ *Wurzeln des Unternehmens*

Nutzen Sie Facebook, um laufend Ihre Firmenphilosophie und Ihre Unternehmenswerte darzustellen und Ihren Fans näherzubringen. Am einfachsten gelingt dies, wenn Sie ein plakatives Foto verwenden und dieses mit Ihren Kernelementen ergänzen.

Vielleicht kennen Sie ein Zitat, das genau das ausdrückt, was Sie und Ihre Firma leitet. Unter Angabe des Urhebers kann es in Ihrem Sinne verwendet werden. Noch besser wäre es allerdings, wenn Sie selbst in ein, zwei Sätzen beschreiben, was die zentralen Leitmotive Ihrer Firma sind.

Bitte beachten Sie, dass Ihre Facebook-Seite vordergründig neue Besucher anzieht und diese auf einfachem Weg Ihre Unternehmenswerte kennenlernen sollten. Aus diesem Grund ist es wichtig, laufend darauf einzugehen und diese regelmäßig zu transportieren. Einmal pro Quartal sollte dafür ausreichen.

Wollen Sie Ihre Firmenphilosophie prominent und dauerhaft in

Szene setzen, nutzen Sie am besten die „Kurze Beschreibung"
in Ihrem Info-Reiter. Der Inhalt wird anschließend auf Ihrer
Startseite in der linken Spalte in der Box „Info" eingeblendet.

⇨ *Interessantes aus dem Unternehmen*

Facebook-Fans lieben es, laufend über aktuelle Ereignisse
informiert zu werden. Wer sich großzügig mit Nachrichten aus
dem Unternehmen präsentiert, hebt sich erfolgreich von
anderen, weniger aktiven Firmen ab.

Falls Ihnen heute die Idee für eine Meldung fehlt, überlegen
Sie, ob es eine Neuigkeit, oder vielleicht auch eine Verände-
rung in einem der nachfolgenden Bereiche gibt: Neues Produkt,
neue Lieferung, bei einem Mitarbeiter (oder mehreren), an
einem Arbeitsplatz, beim Firmenauto, am Firmengelände, im
Büro, in den Medien, oder generell in der Branche. Und zu
guter Letzt auch beim Chef: Steht heute irgendetwas völlig
anderes auf dem Terminplan als sonst?

⇨ *Betriebliche Meilensteine*

Viel zu selten wird darüber berichtet, welche Meilensteine eine
Firma geprägt haben – auf Facebook bietet sich eine wunderbare Chance dazu. Denn Sie können Ihre Meilensteine auch in
Ihrer Chronik ablegen, indem Sie das Datum einer Meldung auf
den Zeitpunkt des Ereignisses zurückdatieren. Mit diesem
Vorgehen gewinnt Ihre Unternehmensgeschichte an Transparenz und ist damit leichter für Ihre Fans nachvollziehbar.

⇨ *Veränderung von Raum und Zeit*

Ist bereits absehbar, dass sich demnächst Bürostandort,
Firmenadresse, Öffnungszeiten, usw. ändern? Kommunizieren
Sie solche Ereignisse zügig auf Facebook, am besten gleich
nach der Fixierung. Greifen Sie das Thema ein weiteres Mal
auf, spätestens dann, wenn es soweit ist und die neuen
Rahmenbedingungen zum Tragen kommen.

Nutzen Sie die Plattform, um nahe bei Ihren Kunden zu sein und um Ihren Fans wichtige Informationen rasch zukommen zu lassen. Die Möglichkeit der Echtzeitkommunikation kann Ihnen viele Vorteile einbringen und für Sie ein wertvolles Tool zur Steigerung der Kundenzufriedenheit und -bindung sein.

Bedeutsame Informationen rasch weiterzugeben ist ein gewinnbringender Baustein in Sachen Kundenservice: Wenn Sie hier punkten, können Sie sich in positivem Sinne von anderen Marktbegleitern abheben.

⇨ *Neu aufgestelltes Führungsteam*

Werden Ihre Geschäfte künftig von einem veränderten Führungsteam, etwa einer neuer Geschäftsführung oder neuen Führungskräften gelenkt? Setzen Sie Ihre Facebook-Anhänger davon in Kenntnis und verlinken Sie – wenn möglich, auch auf die Pressemitteilung auf Ihrer Website. Dort sollten sich ohnehin weitere Informationen zu den besagten Personen finden.

⇨ *Veränderungen am Firmengebäude*

Firmengebäude scheinen für Fans besonders interessant zu sein, vor allem Frontansichten sind sehr beliebt. Falls Sie Veränderungen an Ihrer Fassade oder an dem Gebäude selbst vornehmen (eine neue Beschriftung, eine vertikale Begrünung, eine Photovoltaik-Anlage, eine neue Beleuchtung, usw.), knipsen Sie diese ab und laden Sie auf Facebook einige Foto hoch.

Um Ihrer Botschaft einen persönlichen Beigeschmack einzuhauchen ist es ratsam, Ihre diesbezüglichen Beweggründe anzusprechen. Verraten Sie Ihrer Community, warum die Veränderungen vorgenommen wurden und was Sie damit bewirken wollen.

⇨ Erweiterung betrieblicher Strukturen

Wenn Sie Ihr räumliches Firmenequipment erweitern, etwa durch erweiterte Produktionsstätten, Lagerhallen, Lager, usw., ist dies mit Sicherheit eine interaktionsbringende Meldung wert. Lassen Sie Ihre Community daran teilhaben, wenn und wie sich Ihre Firma vergrößert.

Meldungen, die sich auf ein Firmenwachstum beziehen, sind in Zeiten wie diesen besonders wertvoll, weil Sie vor allem eines ausdrücken: Dass Sie erfolgreich sind. Erfolg dehnt sich aus, und was wächst, ist gesund! Und bei gesunden Firmen kauft man doch gleich mit einem noch besseren Gewissen ein, oder?

⇨ Neue Außen- oder Vertriebsstellen

Überraschen Sie Ihre Fans, wenn Sie neue Außenstellen oder Büros eröffnen. Falls Umbauarbeiten nötig sind, können Sie diese von Anfang an laufend thematisieren.

Meldungen, welche die Einrichtung neuer Büros oder Räumlichkeiten thematisieren, sind häufig gewinnbringende Interaktionsraketen. Wenn diese News mit Fotos ergänzt werden, pushen Sie die Reaktionen abermals.

Dazu könnten Sie bei der ersten Berichterstattung auch ein Rätselspiel inszenieren, indem Sie Ihre Leser fragen, was hier wohl am Entstehen ist, oder ob jemand erkennt, wo sich die Räumlichkeiten befinden.

Lassen Sie Ihre Community bei der Anlieferung, beim Ausladen oder beim Aufbau von Einrichtungsgegenständen, Geräten, Maschinen oder sonstigen Hilfsmitteln „zuschauen" und Sie werden staunen, was Ihren Fans alles dazu einfällt.

⇨ Eröffnung eines neuen Geschäfts

In unserer Studie über „Interaktionsraketen – welche Themen Interaktion auslösen" findet sich die Erstinformation zur Eröffnung eines neuen Ladens an der ersten Position. Dieses

Thema löste in ihrer Kategorie die meisten „Gefällt mir"-Klicks aus, und zwar weit über zweitausend Mal.

Wenn Sie einen neuen Firmenstandort eröffnen, schüren Sie rechtzeitig das Interesse bei Ihren Fans. Nutzen Sie die Zeit bis dahin, die Vorfreude Ihrer Community zu verstärken.

Berichten Sie laufend über das neue Geschäft, die Umbauarbeiten, die neuen Mitarbeiter, Ihre Ziele und die wichtigsten Hintergrundinformationen, etwa warum Sie sich für diesen neuen Standort entschieden haben. Natürlich dürfen Sie nicht auf das Eröffnungsfest vergessen. Falls Sie eine „geschlossene Eröffnungsfeier" planen, etwa für Vertreter von Medien und Presse, könnten Sie währenddessen davon berichten, besonders dann, wenn der Ansturm recht groß ist.

Überlegen Sie, ob Sie Ihren Fans ein kleines Geschenk oder einen Bonus anbieten, wenn Ihnen diese in den ersten Eröffnungstagen einen Besuch abstatten. Damit erhöhen Sie die Chance, dass die Meldung geteilt wird, und genau das ist wichtig, wenn Sie einen neuen Laden eröffnen. Je mehr Leute von der neuen Adresse erfahren, desto höher ist die Wahrscheinlichkeit, dass die Lokalität von Anfang an bekannt ist, und damit auch gut besucht wird.

⇨ Ausdehnung der Öffnungszeiten

Werden Sie in Zukunft zu erweiterten Öffnungszeiten für Ihre Kunden erreichbar sein? Dann sollten Sie dies nicht nur in eine Botschaft packen, sondern auch in den „Info"-Reiter aufnehmen.

Dieses Thema eignet sich auch dafür, es im großen Titelbild am Kopf der Facebook-Seite publikumswirksam anzusprechen. Wie Sie schon erfahren haben, löst die Änderung von Titelbildern häufig zahlreiche Reaktionen aus, was Ihre Beitragsreichweite nach oben treibt.

Mit etwas Glück treffen Sie damit zwei Fliegen auf einen Schlag: Wenn Sie im ersten Schritt kundenfreundlichere Zeiten pushen, und die Botschaft dann aufgrund des meist regen Zuspruchs auch noch an einen größeren Publikumskreis ausgestrahlt wird.

⇨ *Inhaltliche Veränderungen*

Ergeben sich im Laufe der Zeit inhaltliche Veränderungen (wie neue Verantwortlichkeiten bei den Mitarbeitern oder neue Projektaufteilungen), wäre dies eine Überlegung wert, ob Sie dies auf Facebook posten wollen.

Mit dem Einverständnis der Mitarbeiter könnten/sollten Sie diese bildhaft vorstellen und einige Worte zur Beschreibung der Person(en) verlieren. Angaben wie Name, Werdegang, Ausbildung, Herkunft, usw. sind meistens bei Fans willkommen und werden häufig mit vielen „Likes" und guten Wünschen kommentiert.

⇨ *Zahlen, Zahlen, Zahlen*

Sind Sie in der Lage, über positive Entwicklungen zu berichten? Weil Sie etwa mehr Produktentwicklungen, mehr Lehrlinge, mehr Kunden, einen höheren Stammkundenanteil, usw. erreicht haben? Dann gestatten Sie Ihrer Community, sich mit Ihnen zu freuen.

Achten Sie bei der Formulierung des Textes darauf, dass dieser nicht zu theoretisch klingt – Facebook ist eine Plattform für leicht verdauliche Kost. Lassen Sie Bilder sprechen, diese geben schwierige Informationen oft auf einfacherem Weg weiter.

Verdeutlichen Sie Zahlen auf kreative Art und Weise, etwa durch Abbildung von Menschen(massen), Büchern, Bierkrügerl (oder was auch immer Ihr Unternehmen repräsentiert), usw. So verlieren Ziffern ihre Starrheit, nicht aber ihre Bedeutung.

⇨ *Feste soll man feiern*

In Ihrem Unternehmen steht eine Firmenfeier an? Es gibt einen

Anlass, den es unbedingt zu feiern gilt? Informieren Sie Ihre Facebook-Fans darüber und bilden Sie das Ereignis ab.

In Zeiten wie diesen, in denen sich in den Medien viel häufiger negative Mitteilungen finden als gute, sind Menschen häufig froh, wenn zumindest auf Facebook das Positive überwiegt.

Nicht selten überträgt sich eine gute Feierstimmung auf das eigene Gemüt und hebt damit die eigene Laune. Ist es nicht wunderbar, mit einem Beitrag zu einer besseren Atmosphäre beitragen zu können?

⇨ *Ausnahmsweise geschlossen!*

Informieren Sie Ihre Facebook-Anhänger, falls Ihr Geschäft oder Ihr Standort ausnahmsweise nicht erreichbar und/oder geschlossen ist. Denken Sie hierbei an dringend notwendige Handwerksarbeiten, an die Inventur, an den Aufbau einer neuen Geschäftseinrichtung, usw.

Vielleicht möchten Sie das Ereignis auch mit einem Vorteil für Ihre Fans verbinden. Ein besonderer Vor-Inventurabverkauf oder ein anderes Incentive, das sich gut auf Facebook kommunizieren lässt, könnte dazu beitragen, dass Ihre Botschaft häufiger geteilt wird. Damit erreichen Sie unter Umständen viel mehr Menschen als Sie annehmen.

⇨ *Unverhofft kommt oft*

Freuen Sie sich über einen überraschenden Besuch? Reagieren Sie rasch und halten Sie den Moment bildhaft fest. Mit dem Einverständnis Ihres Gastes können Sie daraus im Handumdrehen eine interaktionsstarke Meldung zaubern.

Ein Unternehmen berichtete etwa über das Vorbeikommen von zwei Promotionsdamen eines großen Energydrink-Herstellers. Der Kommunikationsverantwortliche nutzte die Gelegenheit, ein Bild von sich, den beiden Repräsentantinnen und dem auffallenden Firmenfahrzeug zu erstellen und dies auf der Unternehmensseite zu veröffentlichen. Das positive Image des

Markenproduktes und des postenden Unternehmens sorgten für eine Woge positiver Resonanz, und damit verbunden für eine überdurchschnittliche Interaktionsrate.

Kommunikationsstark ist auch der Besuch der Exekutive (natürlich nur im positiven Sinn), des Roten Kreuzes, der Feuerwehr oder eines Kaminkehrers (als „Glücksbringer"). Wichtig ist natürlich auch jeder weitere Besuch(er), der Ihnen – aus welchem Grund auch immer - besonders am Herzen liegt.

⇨ *Trost und Mitgefühl*

Facebook gilt als Plattform, auf der Emotionen an erster Stelle stehen. Aus diesem Grund ist hier auch Platz für Beileidsbekundungen bei Unglücken, Todesfällen, usw.

Kommt es zu schrecklichen Ereignissen, die mit Ihrem Betrieb direkt oder indirekt in Zusammenhang stehen, ist es durchaus legitim, menschlich zu agieren, und das persönliche Mitgefühl auszudrücken.

MITARBEITER

⇨ *Glückwünsche an den Chef/die Chefin*

Mitarbeiter können besondere Anlässe rund um ihr Chefteam nutzen und auf der Unternehmens-Seite posten, wenn diese Administratoren-Rechte besitzen. Denken Sie hierbei an runde Geburtstage, besondere Jubiläen, an Hochzeit, Taufe, Geburt, usw.

Persönliche Nachrichten auf Unternehmensseiten sind stets willkommen und werden meistens auch mit großem Mitgefühl goutiert. Mit derartigen Nachrichten erleichtern Sie es, die Inhaber und das Team noch besser kennen lernen zu können – und eine engere Beziehung zu Interessenten und Kunden aufzubauen.

⇨ *Gute Wünsche aussprechen*

Natürlich darf nicht nur dem Chefteam gratuliert werden, auch Glückwünsche an Mitarbeiter, Projekt- oder Geschäftspartner sind lohnend. Jeder freut sich über persönlich adressierte Aufmerksamkeiten, geizen Sie nicht damit und gehen Sie großzügig damit um. Diese Vorgehensweise hilft Ihnen, als aufmerksam, höflich und zuvorkommend wahrgenommen zu werden. Und solche Eigenschaften nimmt man einem Unternehmen (beziehungsweise seinen Repräsentanten) niemals übel.

⇨ *Verstärkung gesucht*

Facebook ist die ideale Plattform um Personen zu finden, die sich für ein bestimmtes Thema interessieren. Werden Menschen Fans einer Unternehmensseite, konzentrieren sie sich mit wohlwollendem Blick darauf, was in diesem Betrieb vor sich geht. Man kann annehmen, dass sich diese Leute mit dem jeweiligen Fachgebiet in besonderer Form verbunden fühlen.

Wenn Sie Mitarbeiter, Projektpartner oder neue Kunden suchen, sind das genau die Personen, die Sie erreichen sollten. Potentielle Mitarbeiter und Auftraggeber können durch Ihre Neuigkeiten ein Bild von Ihnen und Ihrer Firma entwickeln und einen Eindruck gewinnen, wie bei Ihnen gearbeitet wird.

„Kennt" man sich schon einige Zeit, gelingt es besser einzuschätzen, ob eine Zusammenarbeit funktionieren kann. Somit reduziert sich unter Umständen das Risiko einer negativen Überraschung. Für neue Kunden könnte dieses Wissen besonders wichtig sein.

Veröffentlichen Sie Ihre Stellenanzeigen, Ausschreibungen, usw. daher auch auf Facebook. Vergessen Sie nicht, dass hier wahrscheinlich die gleichen gesetzlichen Vorgaben gelten, als würden Sie in einem Medium eine Anzeige schalten.

⇨ *Mitarbeitern über die Schulter geschaut*

Binden Sie, so oft es geht, Mitarbeiter in Ihre Nachrichten ein. Idealerweise sollte jedem Foto, dass Sie zur Darstellung Ihrer Firma, Ihrer Produkte oder Leistungen, usw. anbieten, ein Bild mit einem Angestellten (oder mit dem Geschäftsführer) angeheftet sein. Sie wirken dadurch menschlicher, wenn Sie zeigen, wer in Ihrem Unternehmen tätig ist.

Bitte klären Sie vor der Veröffentlichung von Fotos mit Ihren Angestellten, ob diese damit einverstanden sind. Respektieren Sie deren Meinung, falls sie dem nicht zustimmen. Es gibt viele Leute, die nicht in sozialen Medien aktiv sind, und dort auch nicht in Erscheinung treten wollen. Es ist das Recht des Einzelnen zu bestimmen, wo sich Fotos von ihm finden sollen. Möglicherweise macht es Sinn eine Liste anzulegen, auf der alle Beschäftigen vermerkt sind, die nicht für Fotoaufnahmen zur Verfügung stehen.

⇨ *Extraschicht!*

Danken Sie Ihren Mitarbeitern für ihr fleißiges Engagement, wenn diese Extraschichten drehen, um überbordende Bestellungen oder Aufträge abzuarbeiten. Danken Sie auch Ihren Kunden für ihr Vertrauen und die Aufträge, die Sie Ihnen erteilt haben.

Fügen Sie Ihrer Botschaft ein Foto hinzu, das Ihre Mitarbeiter bei der Arbeit zeigt. Wenn Sie einen Online-Handel unterhalten, könnten Sie die vielen Pakete ablichten. Vielleicht fügen Sie Ihrer Meldung auch einen lustigen Spruch hinzu aus dem erkennbar wird, dass Ihre Leute gerne länger arbeiten und die Stimmung deswegen nicht auf dem Tiefststand gefallen ist.

Mit Witz und Charme könnten Sie außerdem erwähnen, dass weitere Bestellungen willkommen sind und einen Link zum Online-Shop legen.

⇨ *Volle Kraft voraus*

Können Sie neue Facharbeiter, Lehrlinge, Praktikanten, usw. in Ihrem Betrieb begrüßen? Nutzen Sie die Möglichkeit, diese auch via Facebook vorzustellen (nach vorheriger Rücksprache und Zustimmung der einzelnen Personen). Idealerweise binden Sie Gruppenfotos oder einzelne Bilder ein, die am Arbeitsplatz oder an einem anderen Ort im Unternehmen aufgenommen wurden.

Gewähren Sie Einblicke in Arbeitsplätze und erlauben Sie den Blick hinter die Kulissen. Sollten Sie wieder einmal auf der Suche nach neuen Beschäftigten sein, kommt Ihnen dieses Vorgehen wahrscheinlich zugute.

⇨ *Jedem sein Geschenk*

An besonderen Schlüsseltagen könnten Sie Mitarbeiter, Besucher, Kunden, Partner, usw. mit einem Präsent überraschen. Denken Sie dabei an Blumen am Valentinstag, an Faschingskrapfen am Faschingsdienstag oder an einen

Heringsschmaus am Aschermittwoch.

Das Foto, das Sie zu Ihrem Text veröffentlichen, muss nicht zwingenderweise die Übergabe zeigen. Viel origineller wäre es, schon davor einen Schnappschuss zu schießen und damit anzudeuten, was gleich passieren wird. Natürlich eignen sich auch Fotos wunderbar, auf denen zu sehen ist, wie sich die Beschenkten über das erhaltene Präsent freuen.

⇨ *Mitarbeiterversammlung*

Gibt es bei Ihnen Versammlungen für Mitarbeiter, bei denen diese über aktuelle Themen, Produkte, Zukunftsszenarien, Pläne, usw. informiert werden? Versuchen Sie, die Stimmung dabei einzufangen und bringen Sie einige Impressionen auch auf Facebook unter.

Lassen Sie Mitarbeiter zu Wort kommen, präsentieren Sie einige Produkte, die Sie Ihren Mitarbeitern vorstellen und auch die Umgebung, die Sie für das Meeting ausgewählt haben. Mit dieser Aktion zeigen Sie sich transparent und zukunftsträchtig. Und genau das lieben viele Facebook-Fans.

⇨ *Gesund essen – gut arbeiten*

In einigen Firmen ist es üblich, an einem großen Tisch das Mittagessen einzunehmen. Für das leibliche Wohl wird durch Beistellung gesunder Mittagsverpflegung gesorgt, das nicht nur liebevoll zubereitet, sondern auch noch anschaulich dekoriert ist. Wenn Sie zu diesem Kreis gehören, oder Sie für sich selbst gesunde Speisen zubereiten, präsentieren Sie dies auch Ihrer Community.

Übermitteln Sie Eindrücke von Ihrem Mittagessen, wenn Sie Wert darauf legen, dass dieses aufsehenerregend arrangiert ist. Auch ein simples, mit Wiesenblumen dekoriertes Brot kann für Aufsehen sorgen – wie es die Praxis schon mehrfach bestätigt hat.

⇨ Schulungen und Weiterbildungen

Wenn sich Mitarbeiter von der Firma, in der sie beschäftigt sind, etwas wünschen, dann ist dies häufig Weiterbildung. Falls Sie Ihrer Belegschaft Chancen zur persönlichen und fachlichen Weiterentwicklung zukommen lassen, kommunizieren Sie dies ausgiebig. Sie steigern damit nicht nur Ihr Ansehen in der Öffentlichkeit, sondern schärfen damit auch das Bild einer interessanten und reizvollen Arbeitgebermarke.

⇨ Impressionen vom Betriebsausflug

Gehören Sie zu den Unternehmen, dessen Mitarbeiter sich von Zeit zu Zeit aus dem betrieblichen Rahmen ausklinken und gemeinsam einen Betriebsausflug unternehmen?

Wer sich auf Reisen begibt, hat meistens Interessantes darüber zu berichten. Und genau solche Neuigkeiten lieben Ihre Fans.

Vergessen Sie nicht zu erwähnen, warum Sie sich für ein bestimmtes Ziel entschieden haben. Dies ist eine gute Möglichkeit um zu verdeutlichen, was dem Unternehmen wichtig ist (im Sinne von Werten, Wünschen und Anliegen) und worauf es Wert legt.

⇨ Sonderurlaub und Entgeltfortzahlung

Gewähren Sie Ihren Mitarbeitern die Möglichkeit, in Krisensituationen aktiv als Helfer mitzuwirken (zum Beispiel bei Hochwasser, einem schweren Unfall, Feuer, usw.)? Nicht etwa nur am Wochenende, sondern auch während der Arbeitszeit - und zwar bezahlt, und ohne finanzielle oder urlaubsmäßige Einbußen?

Wer sowohl für die Mitarbeiter als auch die im Einsatz befindlichen Organisationen eine derart wertvolle Unterstützung bietet, sollte darüber auch berichten. Sie können die Botschaft mit einer Erklärung verbinden, warum einige Mitarbeiter im Moment nicht erreichbar sind.

⇨ *Wichtige Projekt- oder Arbeitsbestandteile*

Teilen Sie mit Ihren Fans, was Ihnen den betrieblichen Arbeitsalltag erleichtert. Denken Sie dabei – je nach Unternehmensgegenstand - an von Ihnen verwendete Software-Tools, Geräte, Massageöle, Lebensmittel, usw.

Auf der einen Seite können Sie damit einen Unterschied zu Ihren Mitbewerbern aufbauen, auf der anderen Seite Sympathisanten finden, die genau diese Art von Hilfsmittel interessant oder erstrebenswert finden.

⇨ *Vorstellung des Teams*

Facebook-Fans sind daran interessiert, mehr aus Ihrem Unternehmensalltag zu erfahren. Zeigen Sie daher, wer bei Ihnen tätig ist – und präsentieren Sie, das Einverständnis dazu vorausgesetzt, Mitarbeiter, Projektpartner, Praktikanten, usw.

Lassen Sie Ihre Facebook-Anhänger wissen, wer die jeweilige Person ist, in welchem Bereich sie beschäftigt ist und was sie auszeichnet. Lassen Sie Ihre Fans an Ihrem Team teilhaben und gewinnen Sie damit neue soziale Kontakte. Lassen Sie es „menscheln", denn dafür wurde Facebook auch gegründet.

⇨ *Sie haben x neue Mitarbeiter eingestellt*

Wächst Ihr Unternehmen in überdurchschnittlichem Ausmaß, dürfen Sie sich stolz auf Ihre Schulter klopfen. Behalten Sie Ihre Freude jedoch nicht nur für sich, sondern berichten Sie auch in sozialen Medien darüber.

Vor allem Jungunternehmer fürchten bei derartigen Meldungen, dass sie damit als überheblich oder arrogant bewertet werden. Ich denke dies kommt nur in seltenen Fällen vor – und wenn, dann häufig in Fällen, in denen die verwendeten Worte eine dementsprechende Richtung einschlagen.

Wenn Firmen wachsen und darüber berichten, weisen sie indirekt auf ihren betrieblichen Erfolg hin. Und weil Menschen gerne in aufstrebenden Firmen arbeiten, könnte diese Botschaft, langfristig gesehen, ein Magnet für interessante Bewerbungen mit vielversprechenden Leuten sein.

⇨ Auszeichnung von Mitarbeitern

Einzelne Mitarbeiter zeigen besonderes Engagement in Ihrem Betrieb? Oder haben eine öffentliche Auszeichnung erreicht? Gratulieren Sie diesen Personen auch auf Facebook – denn Lob wird in der Regel ohnehin viel zu selten ausgesprochen.

Verkünden Sie Ihre Freude über Ihre Beschäftigten ausgiebig. Heutzutage bestimmen vor allem schlechte Nachrichten den Tagesablauf – wenn Sie tolle Ergebnisse erzielen konnten, scheuen Sie sich nicht, diese breit zu kommunizieren. Ihre Fans werden sich höchstwahrscheinlich mit Ihnen freuen.

⇨ Auszubildende berichten über ihre Lehre

Sind Sie in einem Bereich tätig, in dem es schwierig ist, Lehrlinge zu finden? Dann präsentieren Sie sich via Facebook als interessanter Ausbildungsbetrieb. Gewähren Sie Einblicke in die Ausbildung Ihrer Lehrlinge, erörtern Sie, inwiefern Sie Ihre Schützlinge fördern und was sie nach einer Lehrzeit bei Ihnen erwarten können. Seien Sie ehrlich und überziehen Sie nicht. Lassen Sie ehemalige Lehrlinge zu Wort kommen die schildern, wie sie die Ausbildungszeit bei Ihnen erlebt haben. Meistens glaubt man direkt Betroffenen mehr, als jemandem, der ein Angebot ausspricht, und wie in diesem Fall einen Lehrplatz anbietet.

⇨ Sie haben den 100. Lehrling ausgebildet

Haben Sie sich der Lehrlingsausbildung verschrieben und hier bereits ein Ergebnis erzielt, das Ihre Bemühungen auf eindrucksvolle Art und Weise dokumentiert? Zeigen Ihre Zahlen, dass Sie schon viel mehr jungen Leuten eine Ausbildung ermöglicht haben, als Sie vielleicht selbst angenommen haben?

Dann ist es an der Zeit, Ihr Resultat öffentlichkeitswirksam zu streuen. Der Dank Ihrer Fans ist Ihnen sicher, wenn Sie zeigen, wofür Sie sich einsetzen. Treten Sie aus Ihrem Schatten heraus und verdeutlichen Sie, dass Ihnen junge Menschen und deren Ausbildung wichtig sind.

⇨ Verabschiedung von Teammitgliedern

Wenn Mitarbeiter, enge Projektpartner, usw. die Tätigkeit bei Ihnen einstellen, kann dies eine Möglichkeit für eine sympathische Abschiedsbotschaft sein.

Verkünden Sie, in welchem Bereich die Person tätig war, welche Aufgaben erledigt wurden und was sie besonders ausgezeichnet hat. Loben Sie ehrlich und nicht überzogen, und sprechen Sie noch einmal die besten Wünsche für den weiteren Berufsweg aus.

⇨ Sozial aktiv!

Wenn Sie Menschen mit Beeinträchtigung die Chance eröffnen, bei Ihnen zu arbeiten, Sie kostenfreie Nachhilfe für Ihre Auszubildenden organisieren, eine kostenlose Sommerferien-Betreuung für die Kinder ihrer Mitarbeiter zur Verfügung stellen – dann sind das allesamt Themen, die Sie auch auf Facebook kommunizieren sollten.

Berichten Sie über Ihre sozialen Engagements, stärken Sie damit auch Ihre Arbeitgebermarke. Diese hilft Ihnen, sich als interessanter Arbeitgeber zu positionieren. Damit ist der Vorteil verbunden, einfacher geeignete Mitarbeiter zu finden.

⇨ Wer kennt und findet wen?

Können Sie sich vorstellen, die Mitarbeiter des Unternehmens oder einzelner Abteilungen auf einem Foto abzubilden? Wenn ja, könnten Sie Ihre Fans mit einem dazugehörenden Rätsel überraschen. Stimmen alle Personen, die auf dem Bild sichtbar sind, einer Veröffentlichung auf Facebook zu, könnten Sie das Foto mit einer lustigen Frage versehen und Ihre Fans um deren Meinungen bitten. Denken Sie hierbei an Geburtstage (Wer hatte gestern Geburtstag?), Mitglieder bei der Feuerwehr (Wer hat gestern mit zahlreichen Feuerwehr-Kollegen geholfen, über 50 Keller auszupumpen?), Fußballspieler (Wer erzielte gestern für seinen Fußballverein das zehnte Tor?), usw.

Vergessen Sie nicht der Person zu gratulieren, welche die Aufgabe richtig lösen konnte. Sollte Ihr Denkspiel zu schwierig ausgefallen sein, geben Sie Auskunft über die richtige Antwort.

Danken Sie zuletzt allen Mitwirkenden für ihre Beteiligung und dass sie sich auf einen Spaß mit Ihnen und Ihren Beschäftigten eingelassen haben.

Auch wenn derartige Rätselspiele abwegig, und vielleicht auch unpassend erscheinen, helfen sie doch mit, eine Interaktion mit Ihnen anzufachen. So gelingt es, dass sich Ihre Fans mit Ihren Themen und Mitarbeitern auseinandersetzen und damit näher an Ihre Firma „heranrücken". Und das wiederum hilft, eine Beziehung aufzubauen und zu intensivieren. Und solche Bemühungen sind niemals sinnlos.

ARBEITSBEDINGUNGEN

⇨ *Kostenloses Obst, Kaffee oder Snacks*

Zählen Sie zu den Arbeitgebern, die ihren Mitarbeitern kostenloses Obst, Kaffee und/oder Snacks zukommen lassen und
ihnen damit den Arbeitsalltag verfeinern? Dann spielen Sie
diese Goodys auch auf Facebook aus und illustrieren Sie diese
Gratifikationen mit einem Bild, auf dem auch ein Mitarbeiter zu
sehen ist. Erzählen Sie die Geschichte dazu, warum genau
dieser Mitarbeiter die auf dem Bild dargestellte Aufgabe um-
setzt.

Berichten Sie über Begebenheiten aus dem Leben Ihrer
Mitarbeiter und zeigen Sie damit einmal mehr, dass Sie ein
interessanter Arbeitgeber sein könnten. So werden Sie in
absehbarer Zeit keine Mühe mehr haben, talentierte Menschen
für Ihre Firma zu gewinnen.

⇨ *Coole Incentives für Mitarbeiter*

Facebook ist der richtige Ort um betriebliche Incentives, die
Mitarbeitern die Arbeitsbedingungen versüßen, vorzustellen.

Ein Paradebeispiel dafür ist der Suchmaschinen-Gigant
Google, der mit seinem Mitarbeiterprogramm weltweit bekannt
ist. Beispiele sind etwa das kostenlose Mittagessen, das
Fahrrad zum Start, Ski-Ausflüge, Sommerfeste, freie Wahl bei
Hard- und Software, Teambereiche mit Tischtennisplatten,
bunten Bällen, usw.

Hierzulande findet man häufig lässige Dachterrassen, Fitness-
center, Biergärten, usw.

Wenn auch Sie solch außergewöhnliche Sonderleistungen für

Ihre Mitarbeiter anbieten, oder für sich selbst attraktive Arbeits-bedingungen schaffen, lassen Sie dies Ihre Fans wissen. In Windeseile heben Sie sich damit von vielen anderen Firmen ab - und genau darum geht es auf Facebook: Wer sich abhebt, kommt ins Gespräch. Und genau das ist es, was die Beitrags-reichweite nach oben hievt und somit Ihre Meldungen an noch mehr Leute befördert.

⇨ *Erweiterte Arbeitsumgebungen*

Gewähren Sie mit Ihren Meldungen auch Einblicke in externe Arbeitsumgebungen, die außerhalb Ihrer Räumlichkeiten liegen.

Geben Sie Bescheid, wenn Sie an einzelnen Tagen in einem anderen Büro, etwa bei einem Projektpartner, anzutreffen sind. Für Ihre Fans kann dies ein wichtiger Hinweis sein - etwa dann, wenn diese meinen, dass Ihr Büro in zu weiter Entfernung liegt und dies einer Beauftragung entgegensteht. Liegt das externe Büro näher, kann der Zweifel unter Umständen behoben, und eine Zusammenarbeit gefördert werden.

Sie können das Spiel weiterspinnen und auch Ihren Parkplatz für ein Posting nutzen. Vor allem im Zusammenhang mit Schnee lassen sich häufig interaktionsstarke Nachrichten basteln. Ihr Parkplatz ist über und über mit Schnee bedeckt? Oder um 5.30 Uhr morgens bereits geräumt, sodass Sie ohne weiteren Aufwand zu einem Kunden fahren können? Das könnten das durchaus Themen sein, die Sie gewinnbringend aufgreifen können.

⇨ *Neue Wege im Arbeitsprozess*

Jahrelang pflegte Google die sogenannte „20% Zeit für Mitar-beiter", in der sich Ingenieure und Programmierer eigenen Projekten widmen konnten. Diese konnten auch außerhalb des eigenen Aufgabenbereiches liegen, solange sich daraus ein neues Google-Produkt entwickeln lässt.

Gibt es auch in Ihrem Unternehmen Ansätze für innovative,

oder komplett neuartige Wege zu neuen Produkten? Sind Sie bereit, diese über Facebook zu promoten? Es könnte ein Weg sein, die Innovationskraft Ihrer Firma einmal mehr zu unterstreichen. Und weil jeder gern mit erfolgreichen Menschen und Betrieben zusammenarbeitet, kann dies für den einen oder anderen ein Anreiz sein, Ihnen eine Bewerbung zuzusenden oder Ihnen ein Projekt zu übertragen.

⇨ Zwickeltage und Urlaub

Gönnen Sie sich einen freien Tag oder sind Sie vielleicht genau dann besonders produktiv, wenn andere Menschen Ihren Urlaub genießen? Lassen Sie es Ihre Fans wissen. Falls Sie verreisen, könnte die Erwähnung des Reiseziels für positive Stimmung unter den Fans sorgen. Geht es etwa nach New York, sind Ihnen einige „Gefällt mir"-Klicks wahrscheinlich schon aufgrund Ihres Zieles sicher.

Falls sich Ihr Büro in Ihren privaten Räumlichkeiten befindet, kommunizieren Sie auf Facebook keinesfalls die Zeitspanne, in der Sie nicht erreichbar sind. Einbrecher könnten dieses Wissen nutzen, um in betriebliche und private Räumlichkeiten einzusteigen.

⇨ Blick hinter die Kulissen

Fans lieben es, wenn sie Mitarbeitern über die Schulter blicken können und Einblicke hinter die Kulissen erhalten. Es ist spannend zu erfahren, wie Arbeitsplätze aussehen, wo diskutiert, kopiert, verpackt, geplaudert, produziert, usw. wird.

Präsentieren Sie sich als transparentes Unternehmen und zeigen Sie, worauf Sie stolz sind. Fans mögen das, und in der Regel goutieren sie das auch mit zahlreichen Reaktionen.

⇨ Ausblick aus dem Fenster

Wenn Sie aus Ihrem Büro einen tollen Ausblick genießen, oder auch im Freien arbeiten können, lassen Sie Ihre Community an Ihrem Glück teilhaben. Jeder Arbeitende liebt wunderbare Arbeitsumgebungen!

⇨ *Auf dem Weg ....*

Wenn Sie sich auf dem Weg von oder zu einen Kunden, Lieferanten, usw. befinden, können sich ungewöhnliche Besonderheiten einstellen. Halten Sie sie fest und nutzen Sie diese für eine Facebook-Nachricht. Sie können in diesem Zusammenhang auch private Vorlieben von Ihnen ausdrücken. Und das ist wichtig, weil Facebook als emotionsgeladene Plattform genau das fördern will.

Sie sehen das neueste Modell von Tesla oder hören schon von der Ferne das Brummen eines Aston Martin? Sie kommen an einem heißen Sommertag an einem erfrischenden See vorbei und beschließen kurzfristig, einen Stopp einzulegen um einen kühlenden Eis-Kaffee zu genießen? Testen Sie, ob auch Ihre Community bei solchen Themen mitgeht und mit auffallend vielen Interaktionen reagiert. Die Praxis zeigt nicht selten, dass dies durchaus der Fall sein kann!

PRODUKTE/PROJEKTE

⇨ *Vorstellung von neuen Projekten*

Wenn Sie dabei sind, ein neues Vorhaben auf Schiene zu bringen, können Sie schon die ersten Inputs dazu liefern. Lassen Sie Ihre Community an Ihren Ideen teilhaben und gewinnen Sie dadurch an Kundennähe.

Wenn Sie Ihre Fans im Vorfeld ausreichend über neue Angebote informieren, sinkt Ihr Aufwand für die später folgende Akquise. Und falls nötig können Sie Ihr Produkt noch adaptieren, falls entsprechende Rückmeldungen dazu eintreffen.

⇨ *Produktentwicklungen abtesten*

Möchten Sie auf Nummer sicher gehen, dass Ihr neues Produkt nicht an den Wünschen Ihrer Kunden vorbei geht? Dann befragen Sie doch Ihre Community! Wer sonst sollte Ihnen treffsicherer Feedback geben können als die Leute, die Ihnen unaufgefordert und freiwillig folgen?

Facebook-Fans lieben es, zu wichtigen Themen informiert, oder besser noch, befragt werden. Stellen Sie Ihrer Community nicht zu komplexe Fragen, können Sie sich auf rasche und ernst gemeinte Assoziationen einstellen. Aufgrund der blitzschnellen Echtzeitkommunikation können Sie enormen Nutzen daraus ziehen.

Platzieren Sie am Ende Ihrer Botschaft eine Aufforderung zu einem Feedback, gelingt es, die Anzahl der Reaktionen deutlich zu steigern. Folgende Fragen haben sich in der Praxis schon oft bewährt:

* Was meint ihr zu …?

- Was meint ihr, sollen die ... fix in unser Sortiment?
- Was haltet ihr davon?
- Welche Zutaten wünscht ihr euch in unserem neuen ...?
- Wie gefallen sie euch?
- Was würdet ihr euch wünschen?
- Was gefällt euch besser?
- Für welche Sorte würdet ihr euch entscheiden?

⇨ *We proudly present...*

Sie haben eine Idee zu einem neuen Projekt geboren? Eine Kooperation eingefädelt, die Ihren Kunden besonders gefallen wird? Oder eine andere Initiative gestartet, die Ihre Produkte überdurchschnittlich verbessern? Teilen Sie solche Informationen rasch mit Ihren Fans, denn genau das sind die Themen, die in der Regel gut ankommen und zu ausgiebigen Interaktionen führen.

Verlinken Sie auf Websites mit weiterführenden Details und drücken Sie Ihre Freude über den aktuellen Stand, oder die nächsten Meilensteine aus. Wenn es passt, können Sie sich in dieser Meldung auch bei den Leuten bedanken, die Sie bei der Realisierung unterstützen.

Konfrontieren Sie Ihre Fans niemals nur ein einzige Mal über ein neues Projekt – nützen Sie Chancen und Möglichkeiten, die Ihnen zum Beispiel ein neues Produkt bietet. Denken Sie an alle Arbeitsschritte, die Sie im Rahmen der Projektplanung, der Durchführung und im Vertrieb durchlaufen. Jeder einzelne Baustein kann wertvoller Input für ein Posting sein.

Seien Sie dabei geheimnisvoll und verraten Sie nicht gleich, worum es geht. Spannen Sie Ihre Fans auf die Probe. Machen Sie sie neugierig. Steigt die Spannung, dann steigt auch das Interesse erfahren zu wollen, was es denn nun ist, was präsentiert wird. Mit derartigen Meldungen können Sie jene Fans auf Ihre Unternehmensseite locken, die Ihre „Auflösung" nicht erhalten haben und von sich aus erfahren möchten, was Sie

Neues ausgeheckt haben.

⇨ *Hochwertigkeit der Produkte aufzeigen*

Wie genau gehen Sie darauf ein, die Hochwertigkeit Ihrer Produkte ins rechte Licht zu rücken? Meiner Meinung nach wird viel zu selten kommuniziert, was genau die Erzeugnisse ausmacht und sie von der breiten Masse abhebt. Warum der Preis, den Kunden dafür bezahlen, gerechtfertigt ist und wieso es sich lohnt, den Artikel bei dieser Firma zu beziehen.

Beantworten Sie diese Fragen für Ihre Fans - und Sie werden über kurz oder lang feststellen, dass Sie seltener über Preisnachlässe diskutieren müssen.

⇨ *Ausverkauft!*

Teilen Sie Ihren Fans mit, wenn eines Ihrer Produkte ausverkauft ist. Ganz nebenbei verdeutlichen Sie damit die Beliebtheit und Erfolgsträchtigkeit Ihrer Artikel.

Vielleicht möchten Sie Ihren Fans eine Freude bereiten, und ihnen die letzten drei Stück, die noch vorrätig sind, im Rahmen eines Gewinnspiels oder einer Verlosung übergeben? Eine derartige Vorgehensweise könnte Ihnen mehrere Vorteile bescheren: Sie bereiten nicht nur ausgewählten Fans eine öffentlichkeitswirksame Freude, sondern hieven auch noch Ihre Beitragsreichweite nach oben, weil zahlreiche Reaktionen auf Ihre Meldung einlangen.

Eine überdurchschnittlich hohe Beitragsreichweite bringt Ihnen besonders viel, wenn Sie als Folgemeldung eine Nachricht planen, bei der Ihnen ein hoher Verbreitungsgrad besonders wichtig ist. Etwa dann, wenn Sie ein neues Produkt oder eine neue Leistung promoten wollen.

⇨ Hinweise zur Produktnutzung

Informieren Sie Ihre Community, wie sie Ihre Leistung oder Produkte besser nutzen können. Stellen Sie dafür kurze Informationsblätter, Präsentationen, Fallbeispiele oder Videos zur Verfügung und promoten Sie diesen Service in einer gesonderten Meldung. Weisen Sie ruhig öfter darauf hin - alle zwei bis drei Monate sind hier durchaus in Ordnung.

⇨ Eigene und fremde Erfolgsstorys

Stellen Sie Projekte vor, die Sie erfolgreich abgeschlossen haben. Dies macht selbst dann Sinn, wenn dies schon vor geraumer Zeit passierte. Denken Sie dabei nicht nur an eigene Projekte, sondern auch an jene, die Sie für Kunden umgesetzt haben. Berichten Sie darüber, was das Projekt auszeichnete und worin seine Besonderheit lag.

Falls Sie in Ihrer Meldung den Namen des Kunden angeben möchten, klären Sie bitte vor der Veröffentlichung, ob die Nennung auf Facebook in Ordnung geht. Idealerweise erhalten Sie dazu eine schriftliche Freigabe. Liegt die Zustimmung für eine Namensnennung vor, könnten Sie in Ihrem Beitrag auf die Facebook-Seite des Kunden verlinken. So profitiert auch Ihr Kunde von Ihren Aktivitäten, weil seine Facebook-Seite mitpromotet wird.

Eine Verlinkung zu einer anderen Seite wird hergestellt, wenn Sie den Nutzernamen der Seite in Ihre Meldung aufnehmen. Der Nutzernahmen befindet sich im großen Titelbild unterhalb des Seitennamens; wo er am vorangestellten „@" erkennbar ist. Seiten, die eine Verlinkung zulassen, werden bereits nach wenigen eingetippten Buchstaben vorgeschlagen. Fehlt die gewünschte Seite in der Liste, liegt möglicherweise ein Schreibfehler vor, oder es wurde ein falscher Name eingetippt.

⇨ Einladung zu aktiven Produktnutzern

Sind Sie in der Lage, potenzielle Kunden mit bereits bestehenden Kunden in Kontakt zu bringen?

Leute, die ein teures Produkt erstehen wollen, sind oft daran interessiert, bereits aktive Nutzer kennen zu lernen und sich mit diesen auszutauschen. Wenn sich Ihr Produkt dazu anbietet, wäre dies für Interessenten mit Sicherheit ein hilfreicher Nutzen. Mit etwas Glück gelingt es Ihnen mit einer solchen Aktion, den Auftrag zu beschleunigen.

Überlegen Sie, wie Sie die beiden Gruppen miteinander verbinden, und in einen entsprechenden Rahmen einbinden können. Vielleicht planen Sie einen Tag der offenen Tür, hier würde eine Zusammenkunft vielleicht auch wunderbar in Ihr Programm passen. Im Zuge dessen sind Sie in der Lage, tiefgehende Gespräche mit Interessenten zu führen, was bei jedem weiteren Kontakt eine förderliche Wirkung zeigen kann.

⇨ *Wiederaufnahme eines Produkts*

Gibt es ein Produkt, das schon einmal bei Ihnen zu finden war und nun einige Zeit nicht angeboten wurde, etwa aus saisonalen Gründen? Dann ist Facebook eine hervorragende Plattform, um darauf hinzuweisen. Informieren Sie Ihre Fans rechtzeitig, um das Interesse zu schüren, und ein weiteres Mal an dem Tag, an dem das Produkt wieder bestellt werden kann.

⇨ *Vorankündigung von neuen Produkten*

Wenn Sie völlig neue Produkte in Ihr Sortiment aufnehmen, gilt es, Ihre Fans zeitnah über Ihr Vorhaben zu informieren („Nächste Woche ist es soweit: ...“). Sie können anhand der Interaktionen einen ersten Eindruck davon gewinnen, wie die Neuaufnahme aufgenommen werden könnte. In einem zweiten Schritt senden Sie eine weitere Meldung aus, etwa am Tag der Verfügbarkeit. Weil Facebook nicht jede Meldung an jeden Fan aussendet, macht es durchaus Sinn, öfter über eine Neuigkeit zu informieren. Sollte die erste Information übersehen worden sein, könnte es beim zweiten Mal gelingen. Von daher achten Sie bestenfalls immer darauf, dass wichtige Botschaften in mindestens zwei Meldungen aufgegriffen werden.

⇨ *Nutzenstiftende Präsente*

Gibt es in Ihrem Angebot etwas, das Sie Ihren Fans kostenlos zur Verfügung stellen können, ohne dass es Ihnen hohen Aufwand verursacht? Ja? Überlegen Sie, ob Sie dieses Gimmick nicht Ihren Facebook-Fans anbieten möchten. In diesen Zusammenhang passen auch wunderbar unentgeltliche Kostproben.

Eine Werbeagentur verschenkte etwa Jahreskalender-Poster für das bevorstehende Jahr. Selbstverständlich wurden diese von der Agentur gestaltet und dezent mit einem Logo versehen. Mit dieser Idee ist die Werbeagentur ein Jahr lang an dem Ort präsent, an dem der Kalender aufgehängt wird – der Firmennamen und das Logo weisen immer wieder auf das Unternehmen hin. Und mit etwas Glück kann die ständige Präsenz genau dann wertvoll sein, wenn tatsächlich ein Dienstleister für grafische Aufgabe gesucht bzw. beauftragt wird.

⇨ *Fachliche Neuigkeiten*

Vor allem Dienstleister sollten diesen Punkt aufgreifen und zeitnah über Neuerungen in ihrem Fachgebiet berichten. Wer rasch ein aktuelles Thema aufgreift (idealerweise als Erstes), demonstriert damit seine Kompetenz, wichtige Informationen rasch verarbeiten zu können.

Idealerweise packen Sie alle wichtigen Details in einen Blogartikel, auf den Sie nach dessen Fertigstellung verweisen können. Diese Vorgehensweise macht aus mehreren Gründen Sinn: Erstens leiten Sie damit Ihre Fans in Ihren Blog und/oder Ihre Website, wo sie weitere Informationen zu Ihrem Angebot finden.

Zweitens können Sie vermutlich nicht alle wichtigen Punkte ansprechen, ohne das die Botschaft abgebrochen wird (mit in einer Facebook-Nachricht den Worten „mehr anzeigen...“). Und drittens ist Facebook der falsche Ort, um detailliert über neue

Gegebenheiten zu berichten. Denn diese Plattform gilt vielmehr als „Entertainment-Tool", auf dem Leute mit wenigen Worten etwas erfahren wollen. Hochwissenschaftliche Ergebnisse im Detail ausgeführt sind hier genauso fehl am Platz wie die Sprache, in der sie oftmals ausgeführt werden.

⇨ Kunden berichten ...

Lassen Sie Ihre Kunden zu Wort kommen und diese über die Zusammenarbeit mit Ihnen berichten. Fantastisch wäre es, wenn Ihre Auftraggeber auch darüber informieren könnten, was sich mit der Nutzung Ihres Produktes verändert hat.

Denken Sie hierbei nicht nur an Interviews, Pressetexte oder Referenzschreiben. Auch ein kurzes Video könnte für Sie lohnend sein. Videos erreichen oft wesentlich höhere Interaktionsraten als andere Kommunikationsformen. Und außerdem bringen diese neuen Schwung in Ihre Chronik, falls Sie sonst nur auf Texte und Bilder setzen.

⇨ Dokumentationen von Fans

Verkaufen Sie Produkte, die Ihre Kunden in irgendeiner Form weiterverarbeiten? Dann laden Sie Ihre Fans ein, Fotos, Videos, usw. auf Ihre Unternehmensseite hochzuladen und sich Ihren Fans zu präsentieren.

Stoffhändler können in Meldungen (und auch im Info-Reiter) darauf hinweisen, dass Bilder mit den verarbeiteten Stoffen willkommen sind. Ein solches Vorgehen schafft Freude, Anerkennung und Bestätigung. Es stellt sich sofort ein sympathisches Gefühl ein, und wenn Produkte und Preis passen, kauft man gerne wieder bei dieser Firma ein.

⇨ Schnäppchenangebote

Facebook-Fans lieben Schnäppchenangebote. Wenn Sie Ihre Seite vor allem dazu nutzen wollen, besonders günstige

Produkte zu vertreiben, sind Sie mit Facebook auf der richtigen Plattform.

Fügen Sie Ihrer Meldung immer ein Bild hinzu, auf dem nicht nur das Produkt selbst, sondern auch noch weitere wichtige Details zu finden sind. Nennen Sie nicht nur den Preis, sondern auch die Domain des Online-Shops (der Direktlinkt zum Produkt sollte am Ende des Meldungstextes platziert sein) und ab wann das Produkt erhältlich ist.

Manchmal ist es auch hilfreich, Zahlungsmöglichkeiten aufzuzeigen, idealerweise mit kleinen, selbst erklärenden Bildern. Verwenden Sie nicht zu viel Text und gehen Sie sparsam mit Informationen um – dennoch sollen keine Fragen offen bleiben. Überlegen Sie vor der Veröffentlichung, was Interessenten sonst noch unbedingt erfahren wollen, bevor sie ein Produkt kaufen. Oder fragen Sie ansonsten einfach in Ihrer Community nach, dafür pflegen Sie sie ja auch persönlich und umfassend. Und Ihre Fangemeinde freut sich einmal mehr, um ihre Meinung gebeten zu werden.

⇨ *Meinungsumfragen*

Nutzen Sie das Potenzial Ihrer Facebook-Fans und befragen Sie diese zu Themen, die Sie gerade beschäftigen. So zeigen Sie Wertschätzung gegenüber Ihrer Community und einmal mehr Ihr Interesse, gemeinsam etwas verändern zu können.

Seien Sie offen für Rückmeldungen und hören Sie zu! Haben Sie ein offenes Ohr für die Menschen, die Ihnen ihre Zeit schenken und einen Kommentar abgeben.

Seien Sie großzügig mit Dankes-Rückmeldungen und zeigen Sie sich von Ihrer besten Seite (vielleicht bedanken Sie sich auch mit einem kleinen Geschenk).

Nehmen Sie Abstand von kritischem Feedback und werten Sie diese nicht ab. Jeder darf seine Meinung sagen – Sie haben schließlich danach gefragt.

Wenn es um die Themen geht, die Sie erfragen könnten, ist das Spektrum vielfältig. Beliebt sind Fragen zu neuen Produkten, ob ein ausausverkauftes Produkt noch einmal in das Sortiment aufgenommen werden soll, zu fehlenden Artikeln, zu Fotos im neuen Firmenfolder (Farbe oder schwarz-weiß), gewünschten Zahlungsmöglichkeiten, Versandoptionen, Verbesserungsvorschlägen, offenen Punkten, usw. Sie sehen, die Auswahl ist vielfältig und Ihrer Kreativität sind keine Grenzen gesetzt.

Achten Sie bei der Formulierung Ihrer Frage, dass Sie nur eine Frage stellen und sich diese unbedingt am Schluss Ihres Postings befindet. Stellen Sie nicht zu schwierige Fragen, die man lang und breit beantworten muss. Außerdem sollten Sie sich gleich im Vorfeld für Rückmeldungen bedanken. Das wirft einmal mehr ein gutes Bild auf Ihr Unternehmen und unterstreicht Ihre Kundenfreundlichkeit. Auch wenn Sie sich schon beim ersten Posting für Feedback bedankt haben, vergessen Sie nicht, jeden einzelnen Kommentar zumindest mit einem „Gefällt mir" zu markieren. Der Absender nimmt Ihre Rückmeldung wahr und fühlt sich damit einmal mehr geschätzt. Und diese wiederum stärkt die Bindung zu Ihrem Unternehmen und die positive Emotion, die mit Ihren zukünftigen Nachrichten verbunden sein wird.

⇨ *Feedback sammeln*

Laden Sie Ihre Fans ein, Ihnen Feedback zu neuen Produkten oder aktuellen Fragestellungen mitzuteilen. Erweitern Sie dazu Ihre Botschaft mit einer offenen Frage, wie zum Beispiel „Und was meint ihr dazu?", „Was haltet ihr davon?", einem „Wie gefällt's?" oder mit dem Satz „Welche Erfahrungen haben Sie damit gemacht?". Für gewöhnlich gehen User recht gerne auf solche Aufforderungen ein und geben in der Folge ihre Meinung wieder.

Setzen Sie immer wieder auf Fragen in Ihren Nachrichten; selbst dann, wenn Sie mit Ihrer Interaktionsrate zufrieden sind. Denn ein solches Vorgehen zeigt einmal mehr Ihr Standing als kundenfreundliches Unternehmen und betont Ihr Interesse an der Meinung Ihrer Fans.

⇨ *Fehlende Produkte eruieren*

Fragen Sie Ihre Fans von Zeit zu Zeit, welche Produkte in Ihrem Sortiment fehlen. Unsere Analysen haben gezeigt, dass solche Umfragen, manche sind in einem Gewinnspiel versteckt, enormes Potenzial für das Unternehmen schaffen. Die Community verrät liebend gern, was ihr in Ihrem Angebot fehlt, und sie kommen in den Genuss von zahlreichen „kostenlosen Unternehmensberatern". Niemand sonst kann Ihnen präziser sagen, was in Ihrem Angebot fehlt beziehungsweise Ihnen empfehlen, was Sie noch in Ihr Sortiment aufnehmen sollten.

⇨ *Rückmeldungen von Kunden*

Sie haben erfahren, dass Sie Ihr Kunde in einem Pressebericht, einem Video oder in einem anderen Informationsmedium erwähnt hat? Oder haben Sie eine andere Art der Rückmeldung erhalten, in dem ein Kunde die gute Zusammenarbeit mit Ihnen und das tolle Ergebnis lobt? Dann holen Sie rasch die Freigabe Ihres Kunden ein, das Statement auf Facebook verwenden zu dürfen!

Sollten Sie die Erlaubnis Ihres Kunden zur Namensnennung nicht erhalten, erkundigen Sie sich, ob Sie das Statement anonym publizieren dürfen. Nicht selten trifft dann die Freigabe für eine Veröffentlichung ein, sodass Sie im nächsten Schritt das Feedback an die breite Öffentlichkeit aussenden dürfen.

⇨ *Neues Herstellungsverfahren*

Gibt es technische Veränderungen in Ihrer Produktion? Erreichen Sie in Zukunft bessere Produktions- und/oder Arbeitsbedingungen, weil Sie Ihre Anlagen oder Arbeitsplätze auf den neuesten technischen Stand bringen? Nehmen Sie irgendwelche Verbesserungen vor, die zu einem angenehmeren Miteinander im Produkterstellungsprozess bewirken? Weisen Sie darauf hin. Erzählen Sie Ihrer Community von Ihren Vorhaben und umgesetzten Aktivitäten. Sie zeigen damit einmal mehr, dass Ihr Unternehmen am Zahn der Zeit agiert und immer auf dem neuesten Stand sein will.

⇨ *Führung durch die Produktion*

Bieten Sie Führungen durch Ihre Produktion an oder haben Sie Besuch von einer Person, die über die Grenzen hinweg bekannt ist und Ihre Firma näher kennen lernen möchte?

Nutzen Sie die Chance, Ihren Fans Einblicke in Ihre Räumlichkeiten bieten zu können. Vergessen Sie nicht, eine ausführliche Bildergalerie zu erstellen (zehn bis zwölf Fotos gehen dazu durchaus in Ordnung), die Sie auf Ihrer Facebook-Seite ablegen können. So kann auch Ihre Community Ihre Firma besser kennen lernen. Das Tolle daran ist, dass Sie damit Ihre Leistungen auf einem entspannt lockeren Level präsentieren, der so gar nicht nach Werbung schmeckt.

⇨ *Zahlenmäßige Höchstleistungen*

Als Unternehmer werfen Sie immer wieder einen Blick in Ihre Zahlen – aus dieser Praxis heraus können Sie interessante Nachrichten für Ihre Fans ableiten. Stellen Sie etwa fest, dass Sie eine beeindrucke Zahl an Projekten erfolgreich abgewickelt haben, unglaublich viele Bauteile fehlerfrei hergestellt und ausgeliefert haben, oder dass Sie ein Großteil Ihrer Kunden immer wieder mit einem Projekt beauftragt, dann sollten Sie dies auf jeden Fall kommunizieren.

Besonderes Aufsehen erregen Sie, wenn Sie in Ihrer Botschaft den Wert angeben, auf den Sie besonders stolz sind. Zahlenangaben mit vielen Nullen oder Neuern kommen dabei immer gut an - denken Sie etwa an 100.000 oder 99.999 Stück; natürlich kann die Zahl auch geringer sein. 500 oder 499 Projekte oder Kunden sind nicht weniger beeindruckend und auf keinen Fall ein Ergebnis, das jede Firma aus dem Ärmel schüttelt.

⇨ *Wunschkunde, herzlich willkommen!*

Sie haben einen Kunden gewonnen, der schon lange auf Ihrer Wunschliste steht? Dann, herzliche Gratulation! Lassen Sie sich auch von Ihren Fans feiern und posten Sie diesen Erfolg – das Einverständnis des Auftraggebers vorausgesetzt – auch auf Facebook. Drücken Sie Ihre Freude aus und berichten Sie, sofern Sie darüber sprechen dürfen, vom anstehenden gemeinsamen Projekt.

Klären Sie bitte immer ab, ob und was genau von Ihnen kommuniziert werden darf. Gehen Sie auf Nummer sicher und berichten Sie nur über jene Aspekte, die von Ihrem Kunden zur breiten Kommunikation freigegeben wurden. Holen Sie sich dazu idealerweise eine schriftliche Freigabe, was vor allem bei großen Firmen wichtig ist.

⇨ *Vorstellung von Projektpartnern*

Gerade Kleinunternehmen kämpfen häufig mit der Befürchtung größerer Firmen, dass beauftragte Projekte nicht zeitgerecht abgewickelt werden können.

In diesem Zusammenhang macht es Sinn, wenn Sie hin und wieder über Projektpartner berichten, mit denen Sie größere Projekte abwickeln (könnten). Damit stärken Sie zunehmend das Sicherheitsbedürfnis potenzieller Auftraggeber und positionieren sich außerdem als vielseitiger Projektpartner. Wenn Ihre Projektpartner bereits mehrere größere Aufträge erfolgreich abwickeln konnten, kann dies auch für Sie von Vorteil sein.

⇨ *Ein Auftrag, über die Grenzen hinweg*

Sind Sie in der glücklichen Lage, einen Auftrag erhalten zu haben, der außerhalb Ihres Heimatlandes liegt? Vergessen Sie nicht, auch Ihre Fans in Ihren Erfolg einzuweihen.

Seien Sie stolz darauf und bedanken Sie sich gegebenenfalls auch bei Ihrem Team für den gemeinsamen Erfolg. Das zeigt einmal mehr, dass bei Ihnen alle an einen Strang ziehen und gemeinsam hinter einer – Ihrer - Idee stehen.

Solche Ereignisse lassen sich übrigens mehrfach nutzen. Sie könnten eine Meldung aufsetzen, wenn Sie sich auf den Weg ins Ausland begeben. Fotografieren Sie einen Vorwegweiser auf der Autobahn, eine Sehenswürdigkeit an der Sie vorbeikommen oder am Flughafen das Flugzeug, mit dem Sie abheben. Fans lieben solche Impressionen!

⇨ *Erweiterung des Netzwerks*

Haben Sie Ihr Kooperationsnetzwerk erweitert, um in Zukunft noch größere Projekte abwickeln zu können? Teilen Sie Ihren Fans mit, welche Aufträge nun von Ihnen abgewickelt werden können. Betonen Sie die neuen Möglichkeiten, die Ihnen nun durch Ihr vergrößertes Netzwerk offenstehen. Zeigen Sie Ihren Fans, was Sie in Zukunft bewerkstelligen können. Öffnen Sie potenziellen Kunden die Augen, indem Sie Beispiele aufzeigen, von denen viele nicht wussten, dass Sie diese bewerkstelligen können!

⇨ *Leinen los für ein besonderes Pilotprojekt*

Haben Sie in Ihren Ressourcen Freizonen geschaffen, um ein innovatives Pilotprojekt in Angriff zu nehmen? Sofern Sie Ihre Mitbewerber damit nicht auf Plan rufen, könnten Sie nun auch Ihre Community darüber informieren.

Verdeutlichen Sie, was hinter der Idee Ihres Projektes steht, warum es Ihnen wichtig ist und was Sie damit erreichen wollen. Betonen Sie Ihr Engagement, damit Ihr Vorhaben gelingt und verdeutlichen Sie Ihren Fans, wie diese davon profitieren, wenn Sie sich für Ihr Pilotprojekt einsetzen. Schaffen Sie ein gemeinsames Projekt daraus, in dem nicht nur Sie für Ihre Idee brennen, sondern auch Ihre Fans. Je mehr dahinter stehen, desto besser! Und mit Ihren Fans sind Sie nicht allein - es ist immer jemand da, der mit Ihnen an Ihrer Idee weiterarbeitet – solange Sie dies zulassen.

⇨ *Ergebnisse von Produkttests*

Sie haben Produkttests durchgeführt oder Studienergebnisse entdeckt, aus denen Sie spannende, überraschende oder lustige Meldungen ableiten können?

Stellen Sie bildhaft dar, was die Ergebnisse bewirken. Überlegen Sie, ob Sie „greifbare" Vergleiche anstellen können. Beziehen Sie sich auf ein Produkt von Ihnen, oder wenn es um größere Entfernungen geht, die Länge Ihres Bundesland (Regionalität ist immer noch ein emotionaler Faktor, der Fans zu Interaktion anregt), die Entfernung zwischen zwei Städten, den Weg um die Erde oder zum Mond.

Themen, die in der Praxis häufig vorkommen, sind eine nachhaltigere Produktion, bessere Arbeitsbedingungen, finanzielle Einsparungen, technische Erweiterungen oder andere Potenziale, die in Ihrer Datenquelle bestätigt wurden.

⇨ *Geschenke von Kunden*

Sie haben ein Präsent von einem Kunden erhalten? Eine Mehlspeise, eine Süßigkeit oder auch eine Mail, in der auf Ihre gute Arbeit eingegangen wird? Zeigen Sie Ihre Wertschätzung und drücken Sie diese in Form einer Dankesbotschaft aus, die Sie via Facebook verbreiten.

Viele Firmenrepräsentanten freuen sich darüber, wenn ihr Unternehmen in sozialen Medien positiv bewertet wird. Zeigen Sie sich charmant und bedanken Sie sich ebenso für die gute Zusammenarbeit.

⇨ *Unterhaltung für Kids*

Spielen Kinder in Ihrem Unternehmen in irgendeiner Form eine Rolle? Etwa weil Sie Produkte für Kinder herstellen, Sie einen betrieblichen Kindergarten führen, oder in sonst einer Form damit verbunden sind?

Wie wäre es, wenn Sie auch andere Kids in besonderer Form

würdigen und auf Facebook ein Präsent für sie bereitstellen? Denken Sie dabei an Malvorlagen, Rezepte, Origami-Anleitungen, einfache Kindergeburtstagsspiele, usw.

KUNDEN, LIEFERANTEN UND VIPS

⇨ Teilen von Fotos von Geschäftspartnern

Wenn Sie auf den Facebook-Seiten Ihrer Geschäftspartner, Freunde oder Kollegen interessante Fotos entdecken und Sie eine witzige Anekdote dazu einbringen können, bietet sich an, das Bild zu teilen und somit auf Ihre Seite zu ziehen. Vergessen Sie nicht, die neue Nachricht mit einigen Worten zu ergänzen. Dabei könnten Sie Interessantes über die Entstehung des Bildes erzählen, oder auch auf den Sachverhalt des Treffens eingehen.

⇨ Verlinkung von Beiträgen auf Partner-Seiten

Haben Sie bei Lieferanten, Kunden, Partnern, Freunden, usw. einen Beitrag entdeckt, in welchem diese über einen besonderen Erfolge berichten? Etwa über eine Nominierung zu einem Preis, einem runden Jubiläum, einer wichtigen Messeteilnahme, oder einem anderen glanzvollen Ereignis?

Nehmen Sie darauf Bezug. Vor allem dann, wenn Sie damit unterstreichen können, dass Sie mit professionellen Partnern zusammenarbeiten. Dessen Standing kann sich auf Ihr Unternehmen übertragen und zu einem positiven Imagetransfer beitragen. Außerdem bereiten Sie Ihrem Geschäftspartner mit Sicherheit eine Freude, wenn Sie ihm beim Verbreiten seiner Botschaften behilflich sind.

⇨ Kunden berichten über Sie

Kommen Sie in den Genuss, dass Ihre Kunden positiv über

Ihren Betrieb berichten, sollten Sie dies auf jeden Fall weitertragen.

Bedanken Sie sich herzlich für die Würdigung und legen Sie
einen Link auf die Facebook-Seite Ihres Kunden. Das muss
nicht sofort passieren, spätestens dann, wenn sich eine
geeignete Situation dafür ergibt. Wie so oft heißt es auch hier:
Eine Hand wäscht die andere - und wenn Sie jemand auf eine
besondere Bühne hebt, sollten Sie Gleiches tun.

⇨ *Bilder von „kleinen Fans"*

Bilder von Kindern ziehen häufig die Blicke auf sich und bauen
in Windeseile eine emotionale Brücke zum Leser Ihrer Nachricht auf. Nicht selten erreichen Fotos mit jungen Menschen
hohe Interaktionsraten, häufig schon wegen der Niedlichkeit
des Kindes.

Vor einiger Zeit ereilte ein Aufruf alle sozialen Medien. Unter
dem Motto „Auch Kinder haben eine Privatsphäre" sollten
Eltern angeregt werden zu überlegen, ob sie die Fotos ihrer
Kinder weiterhin „so schonungslos" verbreiten wollen. Denn
während viele Eltern mit Ihren Kindern streng ins Gericht
gehen, wenn diese Bilder von sich veröffentlichten, gehen sie
selbst manchmal mehr als sorglos damit um. Fotos von (Klein-)
Kindern werden oft hemmungslos ins Netz gestellt, und zwar
ungeachtet dessen, ob die Kinder das möchten oder nicht (sei
es jetzt oder zu einem anderen Zeitpunkt). Bitte bedenken Sie
dies, wenn Sie Kinderfotos im Internet verteilen.

Falls Sie Kinderfotos verwenden möchten, versuchen Sie, eine
„aktive Situation" einzufangen. Idealerweise gelingt es Ihnen
ein Bild herzustellen, auf dem das Kind Ihr Produkt nutzt oder
den Besuch bei Ihnen genießt. Denken Sie zum Beispiel an das
Kosten eines Brotes, das Probieren von Schuhen, das Strei-
cheln Ihrer Bürokatze oder die Nutzung Ihrer Kinderecke.

⇨ *Besuch von/bei firmennahen Gästen*

Dürfen Sie Geschäftspartner in Ihren Räumlichkeiten begrüßen, etwa Projektpartner, Kunden, Lieferanten oder ehemalige Mitarbeiter?

Fragen Sie Ihre Gäste, ob Sie den Moment festhalten, und die Aufnahme auf Facebook veröffentlichen dürfen. Einer Zustimmung vorausgesetzt, sind Ihre Fans sicher daran interessiert zu erfahren, welche Erlegnisse, Erinnerungen und Projekte Sie mit Ihren Gesprächspartnern verbinden.

Falls Sie selbst Firmenbesuche unternehmen, können Sie diese ebenso für ein Posting nutzen (wie immer gilt es auch hier, die Zustimmung Ihres Gesprächspartners einzuholen).

⇨ *VIP als Gast*

Haben Sie die Ehre, eine weithin bekannte Persönlichkeit in Ihren Räumlichkeiten begrüßen zu dürfen? Das Einverständnis Ihres Gastes vorausgesetzt wäre es phantastisch, wenn Sie diese „Auszeichnung" auch auf Facebook kundtun. Fans lieben es, im Netz in die Welt der Bekannten, Schönen und Reichen einzutauchen. Und wenn Sie in Ihrem Unternehmen welche begrüßen durften, gehören Sie dem Anschein nach dazu.

Vergessen Sie nicht, sich bei Ihrem VIP auch via Facebook für den Besuch zu bedanken. Falls Ihr Gast eine Facebook-Seite unterhält, können Sie eine Verlinkung herstellen.

⇨ *Besuch von politischen Akteuren*

Wird Ihr Haus von politischen Akteuren besucht? Sorgen Sie dafür, dass Sie jemand dabei begleitet und Fotos von dem Zusammentreffen erstellt. Sie könnten anschließend eine Fotostrecke erstellen und auf Facebook veröffentlichen.

Besuchen Politiker ein Unternehmen, wird diesem in der Regel der Stempel „erfolgreich" aufgedrückt. Profitieren Sie von diesem Imagetransfer.

Sollte Ihr Gast von einer Institution entsendet werden, deren Ansichten Sie nicht teilen, ist es fraglich ob es sinnvoll ist, wenn

Sie darüber berichten. Es könnte der Anschein erweckt werden, dass Sie die Einrichtung unterstützen und deren Denkweisen teilen.

⇨ *Gesellige Feierabend-Impressionen*

Gewähren Sie Ihren Fans Einblicke in betrieblich veranlasste Feierabend-Impressionen mit Mitarbeitern, Team- und Projektmitgliedern, Kunden oder Lieferanten.

Falls Mitarbeiter auf dem Bild zu sehen sind, vergessen Sie nicht, jeden Einzelnen vor der Veröffentlichung nach seiner Zustimmung zu fragen. Manche Leute möchten nicht, dass Bilder von ihnen im Netz, und hier speziell auf Facebook, kursieren. Jeder hat das Recht, eine Veröffentlichung abzulehnen – und dies sollte keine negativen Konsequenzen nach sich ziehen.

ERFOLGE UND AUSZEICHNUNGEN

⇨ *Erfolgreiche Projektabschlüsse*

Seien Sie stolz, wenn Sie Projekte erfolgreich abschließen konnten und berichten Sie darüber auch auf Facebook.

Viele Unternehmer betonen in diesem Zusammenhang immer wieder, dass sie sich selbst nicht loben wollen - und verzichten dann auf diese Art von Nachrichten. Sie glauben oder wissen nicht, dass sie damit wertvolles Potenzial verspielen! Wenn auch Sie zu dieser Gruppe zählen, könnten Sie herausheben, wie es Ihnen emotional mit diesem Projekt ergangen ist.

Sie sind stolz darauf, es geschafft zu haben? Freuen sich über das gelungene Ende? Haben trotz beachtlicher Hürden ein sensationelles Ergebnis erzielen können? Genau darum geht es. Die Leute wollen Sie kennenlernen und erfahren, wie Sie in Ihren Projekten agieren. Und wenn das Ergebnis außergewöhnlich ist – in welchem Sinne auch immer – dann sollten Sie darüber berichten. Verstecken Sie sich nicht. Schlimmstenfalls platzieren Sie sich dann immer in der zweiten Reihe, obwohl Sie eigentlich die erste verdient hätten.

⇨ *Nominierung bei einem Award*

Ihr Unternehmen oder ein Geschäftspartner erreichte bei einem Award eine Nominierung? Großartig – Gratulation! Das ist eine ideale Nachricht, die Sie unbedingt verbreiten sollten.

Eine Nominierung bietet Ihnen mehrere Möglichkeiten für interessante Facebook-Meldungen. Zu Beginn können Sie über das Vorhaben berichten, dass Sie eine Einreichung tätigen. Falls es ein Publikumsaward ist, können Sie Ihre Fans bitten, für Sie zu stimmen. Am Tag der Verleihung können Sie aus dem Saal eine Botschaft senden und natürlich auch nach der Verleihung vom Ergebnis berichten.

Auch wenn Ihre Freude über eine Nominierung oder einen Gewinn groß ist, bitte vergessen Sie nicht, dass Sie für ein Thema maximal zwei Meldungen pro Tag ansetzen. Ansonsten besteht die Gefahr, dass Sie Ihre Fans vergraulen, und sich diese schlimmstenfalls aus Ihrer Community verabschieden.

⇨ *Dank für XXX Fans*

Sie werden es nicht glauben! Dieser Punkt hat das Potenzial, zu einem wahren Interaktionsfeuerwerk zu führen! Wenn Sie Ihren Dank mit einer Verlosung verbinden, können Sie unter Umständen mit einem wahren Kommentar- und Teilungsregen rechnen.

Im Rahmen unserer Studie haben wir ein Unternehmen entdeckt, das eine Danke-Meldung mit einer Verlosung verknüpfte (Preisgeld: 100 EUR) und so über tausend Kommentare und 70 Teilungen erreichte. Man kann zweifelsohne von einem großartigen Erfolg sprechen, wenn man bedenkt, dass sich der Aufwand dafür eigentlich mehr als in Grenzen hielt

⇨ *Hurra – wir sind „Top 10"*

Sagen Sie „Danke", wenn Sie jemand auf eine Top-10-Liste gesetzt hat, etwa ein Blogger, eine Zeitung, ein Magazin, ein Radiosender, usw. Bedanken Sie sich auf Ihrer Facebook-Seite mit einem Link auf die Seite, auf der die Top-10-Auflistung zu finden ist.

Versuchen Sie, dass der Kontakt zum jeweiligen Juror nicht ins Leere verläuft und auch in Zukunft aufrecht bleibt. Gehen Sie davon aus, dass Ihr Unternehmen für die Zielgruppe des Preisrichters relevant ist und Sie unbedingt in dessen Blickfeld bleiben sollten. Überlegen Sie, ob eine Kooperation sinnvoll sein könnte, vielleicht könnten Sie etwas bieten, was für den Ausschuss interessant sein könnte. Vielleicht können Sie Tipps zu einem bestimmten Thema, Rezepte, Übungen, Checklisten, usw. beisteuern, die den Lesern oder Hörern wertvolle Dienste leisten.

⇨ *Erfolge thematisieren*

Präsentieren Sie Ihre Erfolge, indem Sie interessante, und vielleicht auch ungewöhnliche Vergleiche anstellen. Um Spannung aufzubauen könnten Sie auch eine Rechenaufgabe für Ihre Fans austüfteln und die Lösung in einer weiteren Nachricht preisgeben. Wenn Sie ein kleines Präsent als Dankeschön im Falle einer Mitwirkung aufstellen, kann dies die Rückmeldungen Ihrer Fans beschleunigen, und die Verteilung Ihrer Meldung beflügeln.

Ein findiger Gastwirt griff seine auf dem Oktoberfest verkauften Biere auf. Er leitete daraus ab, wie lange die Strecke wäre, wenn man Glas um Glas aneinander reihen würde (das Ergebnis war eine Strecke von x-mal um die Erde).

⇨ *Star auf einem Titelblatt*

Sind Sie oder ein Produkt von Ihnen auf einem Cover eines Magazins abgebildet? Dann hoch die Tassen! Nachrichten, die im Zusammenhang mit Presseberichterstattungen stehen, erzielen häufig eine überdurchschnittliche Interaktionsrate. Dieses Potenzial sollten Sie auf jeden Fall nutzen.

⇨ *Bericht über PR-Artikel in den Medien*

Seien Sie sich bewusst, dass Sie mit Ihrem Facebook-Engagement möglicherweise nur einen Teil Ihrer Zielgruppe erreichen. Leute, die sich dieser Plattform verschließen und nicht darin aktiv sind, liegen damit außerhalb Ihres Aktionsradius. Damit Sie auch diese Personen erreichen, können Sie auf den Versand von Pressemitteilungen setzen. Da die Veröffentlichung von Medienmitteilungen kostenfrei ist, sollte eine regelmäßige Medienarbeit fix in Ihrer Kommunikationsarbeit vorkommen. Gelingt es Ihnen, dass eine Zeitung, ein Magazin, ein Blog, oder sonst ein Medium über Ihr Unternehmen berichten, haben Sie ein lohnendes Thema für Ihre Facebook-Seite generiert. Bedanken Sie sich in Ihrer Meldung für die Veröffentlichung und verweisen Sie auf den über Sie publizierten Pressebericht.

In Österreich unterliegen Presseberichte einer sogenannten Stillhaltepflicht von 24 Stunden. Erst dann ist es erlaubt, diese einzuscannen und zum Beispiel auf einer Homepage zu veröffentlichen (einer Erlaubnis dazu vorausgesetzt). Will man diese Wartefrist umgehen, ist es sinnvoll, einen Direktlink zu dem entsprechenden Beitrag zu legen.

Ein Tipp am Rande: Externe Webverweise sollten regelmäßig einer Kontrolle unterzogen werden, etwa alle Monate. Es gilt zu prüfen, ob der Link noch funktioniert und der Beitrag noch verfügbar ist. Ansonsten führen Sie Ihre Leser auf eine sogenannte „tote" Seite, was bei häufigerem Vorkommen zu einer negativen Stimmung führen könnte.

⇨ Besuch von Medienteams

Hat sich bei Ihnen ein Redaktions-, Radio- oder Fernsehteam angekündigt, um einen Beitrag über Sie und Ihr Unternehmen aufzunehmen? Dann informieren Sie Ihre Community darüber, etwa mit Backstage-Fotos während des Besuches.

Meldungen über einen Besuch von Radio- oder Fernsehteams werden von Fans häufig mit überdurchschnittlich vielen Reaktionen belohnt.

⇨ Mitwirkung bei einer Show

Wurden Sie eingeladen, bei einem Interview oder einer Show mitzuwirken? Und haben Sie zugesagt? Dann können Sie sich einmal mehr darüber freuen, diese Botschaft auf Facebook posten zu können.

Nachrichten über Interviews oder Showteilnahmen werden von Fans fast immer mit überdurchschnittlich vielen Likes, Kommentaren und Teilungen goutiert.

⇨ *Sie verleihen Auszeichnungen*

Gehört Ihre Firma zu jenen Unternehmen, die Lieferanten, Projektpartnern oder Kunden mit ruhmvollen Auszeichnungen überraschen? Oder erstellen Sie spezielle Unterlagen, in denen Sie Kunden vorstellen, mit denen Sie besondere Projekte abgewickelt haben (zum Beispiel lässig gestaltete Projektbeschreibungen, die Sie in der Folge auch für Ihren Verkauf nutzen)? Oder wollen Sie einfach nur ein anerkennenswertes „Danke!" aussprechen?

Dann sollten Sie auch Ihre Fans darüber informieren und im Zuge dessen auch die Hintergründe weitergeben, die Sie zu dieser Anerkennung veranlasst haben. Sie werden sehen, dass diese Ihre Aktion wahrscheinlich genauso cool finden wie das Unternehmen, das Sie auf diese Weise auszeichnen.

⇨ *Erhalt eines Preises*

Wenn Sie selbst im Rampenlicht des Erfolges stehen, weil Sie eine Auszeichnung, ein Qualitäts- oder Prüfsiegel erhalten, dann genießen Sie den Moment! Bündeln Sie Ihre Freude in eine emotionale Nachricht und versuchen Sie, die positive Energie mitzutransportieren. Beleuchten Sie, wer an diesem Erfolg beteiligt war und was Ihnen die Auszeichnung bedeutet.

Wahrscheinlich können Sie sich bald ein weiteres Mal über den erhaltenen Preis freuen, wenn Sie die vielen darauf folgenden Reaktionen ansehen und die Kommentare durchlesen.

WERBUNG UND MARKETINGAKTIVITÄTEN

⇨ *Optimierung des Web-Auftritts*

Sie haben die Inhalte Ihrer Homepage erneuert oder erweitert, Ihren Onlineshop optimiert oder Änderungen in Ihrem Newsletter-Tool vorgenommen? Lassen Sie dies Ihre Fans wissen und profitieren Sie von dem Feedback, dass Ihnen Ihre Community zukommen lässt.

In diesem Zusammenhang könnten Sie Ihre Fans auch um ihre Meinung bitten, wenn Sie geplante Adaptionen noch nicht umgesetzt, aber schon eingeplant haben. Diskutieren Sie mit Ihrer Community Dinge, die Ihnen noch Kopfzerbrechen bereiten oder Punkte, die für Ihre Kunden besonders wichtig sind. Mit einem solchen Vorgehen können Sie einmal mehr zeigen, wie wichtig Ihnen die Meinung Ihrer Anhänger ist.

⇨ *Verlosungen und Gewinnspiele*

Wettbewerbe, Verlosungen und Gewinnspiele zählen zu den Interaktionsraketen schlechthin. Wir haben keine Unternehmensseite entdeckt, bei der ein Gewinnspiel ohne Reaktionen geblieben wäre. In der Regel ist das Gegenteil der Fall und die Nachrichten über Gewinnspiele werden mit zahlreichen „Gefällt mir"-Klicks, Kommentaren und Teilungen goutiert.

Wenn Sie ein Gewinnspiel in Betracht ziehen, informieren Sie sich bitte umfassend über diese Thematik und studieren Sie auch die diesbezüglichen Richtlinien, die Facebook dazu herausgegeben hat.

Aus heutiger Sicht gibt es einige Einschränkungen, die von etlichen Firmen „übersehen" werden: So dürfen etwa Facebook-User nicht zu einem Like der Seite „gezwungen" werden, um an einem Gewinnspiel teilnehmen zu können. In der Regel darf bei „Promotions", wie Facebook Wettbewerbe, Gewinnspiele, Verlosungen, usw. nennt, nur im Rahmen einer Nachricht abgewickelt werden, und zwar in den Kommentaren.

Außerdem ist es nicht gestattet, Leute, die an einer Promotion teilnehmen wollen, zu „nötigen", in ihrer eigenen Chronik etwas veröffentlichen zu müssen. Sollten sie dies aus freien Stücken tun, geht das in Ordnung – nur „erzwingen" darf es der Veranstalter nicht.

Ein weiteres heikles Thema sind die Hinweise rund um die Teilnahmebedingungen und die Datenschutzhinweise.

Sie finden im Anhang mehrere Links die Ihnen helfen, sich in die Thematik einzulesen.

⇨ *Neues Facebook-Titelbild*

Wechseln Sie auf Ihrer Firmenseite regelmäßig Ihr Titelbild, und Sie werden staunen, welche Auswirkungen dies erzielen kann.

Wenn Sie Ihr Titelbild ändern, lösen Sie eine automatisch generierte Nachricht aus, die Facebook ohne Ihr weiteres Zutun an einen Teil Ihrer Fans verschickt. Unternehmen Sie dies etwa einmal im Quartal, haben Sie gute Chancen, dass Sie damit die Beitragsreichweite zumindest kurzfristig erhöhen. Dies gelingt vor allem dann, wenn Ihre Fans fleißig mit Ihrer Seite interagieren und Ihnen viele Rückmeldungen hinterlassen.

Damit dies gelingt, sollten Sie auf professionell aufbereitete Titelbilder setzen. Denken Sie daran: Mit Ihrem Titelbild erzeugen Sie einen ersten Eindruck über Ihre Firma, und das betrifft auch jene Leute, die das erste Mal Ihre Firmenseite besuchen. Solche User wissen von Ihnen nicht mehr, als das Bild am Kopf Ihrer Fanseite aussagt.

Setzen Sie auf anschauliche Fotos und beschreiben Sie, worum es in Ihrer Firma geht. Das ist vor allem dann wichtig, wenn Sie ein breites Spektrum anbieten. Viele Firmen verspielen an dieser Stelle viel Potenzial und wundern sich, wenn die

Fanzahl nur spärlich, oder schlimmstenfalls auch gar nicht wächst. Ein ausladendes Titelbild und/oder eine lückenhafte, ungenaue Firmenbeschreibung im Reiter „Info" könnte ein Grund dafür sein.

⇨ *Sale, Preisnachlässe und mehr*

Ihre Fans lieben es, von Ihnen rechtzeitig über Ausverkäufe, Preisnachlässe und Sonderangebote hingewiesen zu werden – und genau dazu sollte Facebook auch genutzt werden, um Ihren Fans einen persönlichen Nutzen zu bieten.

Wenn Sie Ihren Kunden finanzielle Vergünstigungen einräumen, etwa zu einer Shop-Eröffnung, zum Summer-Opening oder zu den klassischen Ausverkäufen, informieren Sie Ihre Fans rechtzeitig – denn Vorfreude ist die größte Freude.

Sie könnten schon vor dem zentralen Schlüsseltag eine Botschaft aussenden, dass Ihre Mitarbeiter bereits damit beschäftigt sind, besonders tolle Pakete zu schnüren (diese fördern ja bekanntlich den Mehrverkauf). Wenn Sie dies mit einem diesbezüglichen Bild abrunden, auf dem zum Beispiel einige Mitarbeiter abgebildet sind, die genau dies tun, steht einem Posting-Erfolg nichts im Weg!

Zögern Sie nicht, mehrfach über Preisnachlässe zu informieren. Wie Sie weiter oben schon erfahren haben, erhalten nie alle Ihre Fans Ihre Neuigkeiten.

Mit mehrfachen Aussendungen erhöhen Sie die Chance, dass mehr Menschen davon erfahren. Falls Ihnen dies zu aufdringlich erscheint, texten Sie Ihre Botschaften emotionaler. Verwenden Sie dazu einige der in diesem Buch vorgestellten „Zauberwörter" und/oder setzen Sie auf Emoticons. So erhalten Ihre Meldungen einen gefühlsbetonteren Beigeschmack und werden seltener als Werbung wahrgenommen.

⇨ *Geschenkgutscheine zum Ausdrucken*

Bieten Sie auf Ihrer Homepage die Möglichkeit an, Geschenkgutscheine nicht nur zu ordern, sondern auch gleich ausdrucken zu können? Perfekt! Dann sollten Sie regelmäßig darüber informieren - vor allem zu Zeiten, an denen häufig nach Geschenkgutscheinen gesucht wird. Denken Sie etwa an Geburtstage, Weihnachten, Ostern, Mutter- oder Vatertag, den Tag der Freude, usw.

⇨ *Individualisierte Produkte!*

Können Ihre Produkte individualisiert werden? Wow, das ist aber ein toller Kundenservice! Hier sollten Sie auf keinen Fall vergessen, Ihre Fans regelmäßig darauf hinzuweisen!

Es besteht nach wie vor ein Trend zu individualisierten Unikaten, und Kunden schätzen das Angebot sehr – häufig wissen sie nur nicht darüber Bescheid. Aus diesem Grund sollten Sie regelmäßig darauf hinweisen, dass es erstens das Angebot bei Ihnen gibt, und zweitens den emotionalen Wert einer kundenbezogenen Sonderanfertigung betonen. Zeigen Sie Ihre Sonderanfertigungen und übermitteln Sie in Ihren Nachrichten auch die Freude, die Kunden damit verspüren.

⇨ *Vorbestellungen anheizen*

Zu bestimmten Zeiten oder Anlässen macht es Sinn, wenn Sie Ihre Fans ausdrücklich auf die Möglichkeit von Vorbestellungen hinweisen. Sind etwa wichtige Rohstoffe knapp oder nur noch kurze Zeit verfügbar, könnte eine diesbezügliche Information Ihre Fans erfreuen und veranlassen, sofort eine Bestellung aufzugeben..

⇨ *Neuauflage eines Produkts*

Wird ein Produkt wieder in das Programm aufgenommen, etwa weil der Ansturm darauf wesentlich höher als erwartet war, oder weil der Artikel ohnehin nur zu bestimmten Zeiten verfügbar ist? Geben Sie Ihren Fans darüber Bescheid. Solche Botschaften werden meistens mit wohlwollendem Feedback aufgenommen und in der Folge mit einer höheren Interaktionsrate belohnt.

Wenn Sie die Nachricht mit einem emotional aufgeladenen Bild versehen, auf dem das Produkt zu sehen ist (etwa bei der Herstellung oder beim Versand der ersten Bestellungen), erhöhen Sie abermals die Chance auf ein Top-Ergebnis bei den Interaktionen.

⇨ *Garantierte Lieferpünktlichkeit*

Nehmen Sie an, Sie betreiben einen Online-Shop mit Produkten, die sich gut als Geschenk eignen.

Falls es Zeitpunkte gibt, an denen es zu Verzögerungen bei der Postzustellung kommen kann, sollten Sie Ihren Fans Bescheid geben, bis wann bestellt werden muss, damit ein Produkt rechtzeitig zum Fest oder „Feiertag" eintrifft (zum Beispiel: Bestellung bis zum 21. Dezember).

Falls Sie mit Ihrem Paketzusteller vereinbaren können, dass Ihre Pakete verlässlich bis zu einem bestimmten Tag zugestellt werden, sollte auch das zu einer Botschaft an Ihre Fans führen.

⇨ *Zur Erinnerung*

Nutzen Sie den Vorteil der Echtzeitkommunikation, den Facebook Ihnen bietet. Läuft bei Ihnen gerade eine Aktion, die noch einen „Anstoß" braucht, sind Sie mit einer Meldung auf Facebook gut beraten. Ist Ihr Geschäft geschlossen, weil Ihre alljährliche Inventur stattfindet? Werden Wartungsarbeiten durchgeführt, die dazu führen, dass das Büro geschlossen bleiben muss? All das sind Themen, die Sie auf der Plattform kommunizieren sollten.

Bei Inhalten mit zeitlichem Bezug es ist wichtig, genau zu verdeutlichen, wie lange eine bestimmte Situation vorliegt und ab wann der Laden wieder geöffnet hat ("...unser Geschäft bleibt daher am 30.09.2016 geschlossen. Ab 1.10.16 um 9 Uhr sind wir wieder für euch da ....").

⇨ *Ausschreibung eines Wettbewerbs*

Schreiben Sie einen Wettbewerb aus? Das wäre eine wunderbare Gelegenheit, um Ihre Fans noch mehr für Ihr Thema zu sensibilisieren und diese anzuregen, sich damit auseinander zu setzen.

Überlegen Sie, was Ihre Fans tun könnten, um eine Inspirationsquelle für Sie zu sein. Was fänden Sie besonders spannend (etwa was Ihre Fans beschäftigt) – und wie sollte dies Ihre Community verbildlichen, damit Sie deren Ideen verstehen und verwerten können? Wenn Sie zum Beispiel für oder mit Kindern arbeiten, könnten Sie einen Malwettbewerb ausschreiben.

Bitte beachten Sie in diesem Zusammenhang die Linktipps im Kapitel „Onlinequellen", denn Wettbewerbe unterliegen strengen Facebook-Regeln.

⇨ *Einladung zu Eröffnungsevents*

Rückt die Eröffnung Ihres neuen Ladens, eines Büros, einer weiteren Niederlassung, usw. immer näher? Dann sollten Sie Ihre Fans darüber zeitgerecht informieren.

Berichten Sie über Ihre Aktivitäten, die Sie für Kunden, die Sie bei der Eröffnung besuchen, bereitstellen. Lenken Sie die Aufmerksamkeit auf interessante Aspekte, die man bei Ihnen möglicherweise gar nicht vermuten würde. Jetzt, am Beginn von etwas Neuem, ist der Blick auf das ganze Unternehmen gerichtet - und nun gilt es, kreativ und plakativ das gesamte Produkterepertoire aufzuzeigen. Nutzen Sie die Chance, auf geschickte Art und Weise Ihre Besonderheiten ins rechte Licht zu rücken, ein Eröffnungsevent ist eine wunderbare Möglichkeit dazu.

⇨ *Veröffentlichung von Gastbeiträgen*

Wenn Sie Wissensanbieter sind, Ihre Leistung also darin besteht, dass Sie vor allem Ihr Know How verkaufen, könnte die Erstellung von Gastbeiträgen interessant sein. Als Experte in einem Fachgebiet können Sie auf interessante Blogs, Portale, Nachrichtenmedien, usw. zugehen und Fachartikel von sich anbieten. Wenn es gelingt, dass Sie Ihren Beitrag auf einem Medium veröffentlichen können, sollten Sie dies unbedingt auf Ihrer Facebook-Seite kommunizieren.

Drücken Sie Ihre Freude über die Kooperation aus und verlinken Sie auch im Nachrichtentext noch einmal auf Ihren Kooperations- beziehungsweise Medienpartner. Neben einer Beschreibung, was der Leser in Ihrem Artikel erfährt, sollten Sie auch den Direktlink dazu einkopieren. Ihre Fans sollten sofort zum entsprechenden Beitrag weitergeleitet werden. Beim Einkopieren des Linkes achten Sie bitte darauf, dass das richtige Bild, nämlich jenes, das zu Ihrem Artikel gehört, eingeblendet wird.

⇨ *Witzige Gebrauchsanweisung*

Falls die Nutzung Ihrer Produkte gewisse Vorkenntnisse erfordert, könnten Sie sich überlegen, ob Sie eine lustige Gebrauchsanweisung dazu erstellen. Diese sollte derart gestaltet sein, dass sich niemand „auf den Schlips getreten" fühlt, aber sehr wohl als hilfreich erlebt wird. Wenn nicht für sich selbst, dann vielleicht für andere Personen im nahen Umfeld.

Witzige Nachrichten mit Unternehmensbezug sind meistens ein Renner, vor allem wenn sie gut aufbereitet sind und beim Leser sofort zu einem Schmunzeln führen. Gelingt es Ihnen, im Hintergrund einen Arbeitsplatz, einen Prozess aus der Produktion oder irgendeine andere Abbildung aus Ihrem betrieblichen Alltag abzubilden, steigt einmal mehr die Chance, dass Ihre Interaktionsrate mit dieser Meldung außergewöhnliche Ausmaße annimmt.

⇨ *Hier geht's zu uns*

Haben Sie schon einmal überlegt, wie leicht potenzielle Kunden zu Ihnen finden, im Sinne tatsächlicher Erreichbarkeit? Wie gut (oder schlecht) ist Ihr Firmenstandort beschildert? Wie gut findet man einen Parkplatz, wenn man Sie im Betrieb besuchen will?

Facebook-Kunden scheinen positiv auf Firmenfassaden zu reagieren, zumindest zeigen dies die Interaktionen, die bei derartigen Veröffentlichungen häufig anzutreffen sind.

Wenn Ihnen ein Thema fehlt, oder wenn Sie rasch eine Botschaft benötigen, könnten Sie testen, ob sich dies bei Ihnen genauso darstellt. Zeigen Sie Ihren Fans die Außenansicht Ihrer Firma oder ein Hinweisschild, das zu Ihrer Firma führt. Perfekt wäre dann, wenn im Hintergrund Ihr Betrieb zu sehen wäre. Ein witziger Text dazu und schon kann Ihr Test starten.

⇨ *Behind the scenes bei Fotoaufnahmen*

Lassen Sie Ihre Fans bei Aktivitäten dabei sein, die gerade hinter „verschlossenen Türen" stattfinden oder erst zu einem späteren Zeitpunkt publik werden. Werden etwa gerade Aufnahmen von Ihnen, Ihrer Firma, Ihren Mitarbeitern oder Produkten hergestellt, können Sie schon währenddessen davon berichten und das Interesse am fertigen Ergebnis schüren.

⇨ *Weitere soziale Medien – wir kommen!*

Wenn Sie sich dazu entschließen, weitere soziale Medien für Ihre Unternehmenskommunikation zu nutzen, lassen Sie dies Ihre Facebook-Fans wissen. Vielleicht sind auch diese dort unterwegs und sofort erfreut, auch Ihre Firma dort anzutreffen.

⇨ *Bericht über eine Anzeigenschaltung*

Sie haben sich entschlossen, in einem wichtigen Medium eine Anzeige zu schalten? Dann berichten Sie darüber auch auf Facebook und erhöhen Sie damit die Anzeigen-Reichweite. Lassen Sie nichts ungenutzt um die Kosten, die Sie für das Inserat investiert haben, wieder einzuspielen und versuchen

Sie, auf besonders charmante Art davon zu berichten.

Vielleicht geht es Ihnen genauso, dass Sie auf Facebook eigentlich keine „klassische Werbung" sehen wollen. Aus diesem Grund gilt es, einen netten Aufhänger zu finden, sodass sich die Meldung auf Ihrer Unternehmensseite unterbringen lässt, diese aber nicht negativ aufgenommen wird.

Wie Sie weiter oben schon erfahren haben, lockern Emoticons (etwa Smileys) viele Nachrichten aufgrund ihrer meist freundlichen Darstellung recht erfolgreich auf. Vielleicht finden Sie einen Zugang dazu und versuchen so, einen netten Beigeschmack zu erzeugen. Studien haben ergeben, dass lachende Smileys „mit Zähnen" eine höhere Interaktionsrate erreichen, als ohne Zähne. Vielleicht ist das auf Ihrer Firmenseite genauso, probieren Sie es aus.

AUSSTELLUNGEN UND VERANSTALTUNGEN

⇨ *Organisation von Events*

Gehören Sie zu den Unternehmen, die einmal im Jahr eine Veranstaltung für Kunden, Partner, interessante Firmen, usw. organisieren? Falls bei Ihnen zum Beispiel ein Tag der offenen Tür, ein Kundenevent, offene Vorträge, Schnuppertermine, usw. auf dem Plan stehen, könnten Sie diese wunderbar über Facebook verbreiten.

Teilen Sie Ihrer Facebook-Community mit, was sie auf oder bei der Veranstaltung erwartet, was die Highlights sind und warum man unbedingt dabei sein sollte. Kommuniziert man die Höhepunkte nicht, besteht unter Umständen die Gefahr, dass Ihre Fans im Eifer des Gefechts die wichtigen Punkte übersehen und damit das Interesse an einer Teilnahme zu wenig entfacht wird.

Wichtig ist, dass Sie rechtzeitig die Promotion der Veranstaltung starten. Verlassen Sie sich dabei aber nicht nur auf das Anlegen des Events im Veranstaltungskalender und auf eine einmalige Nachrichtenaussendung.

Es hält sich nach wie vor das Gerücht, dass Facebook gerne Veranstaltungsankündigungen zurückhält, sodass sie seltener in den Nachrichtenströmen erscheinen. Mit diesem Wissen können Sie dem entgegenwirken und bewusst auf mehrere Meldungen setzen.

Nutzen Sie mehrere Anlässe, um Ihr Veranstaltungsthema aufzugreifen: Wenn Sie einen zur Veranstaltung passenden Blogbeitrag verfassen, Sie mit den Vorbereitungen beginnen, die ersten Zusagen von Referenten und/oder Teilnehmern eintreffen, usw. Zwei bis drei Tage vor der Veranstaltung ist nochmals ein guter Zeitpunkt um abermals darauf hinzuweisen und gegebenenfalls noch die letzten, die bis dahin noch nichts von Ihrem Event gehört haben, zu informieren.

Wenn Sie am Veranstaltungstag die Tore öffnen und die ersten Gäste begrüßen, sind zeitnah bereitgestellte Fotos meistens eine Freude für Ihre Fans, die sie dann mit zahlreichen Reaktionen goutieren.

⇨ Teilnehmer auf fremden Veranstaltungen

Informieren Sie Ihre Fans auch über Veranstaltungen, auf denen Sie als Vortragender oder Sponsor auftreten. Natürlich können Sie diesen Punkt auch dann aufgreifen, wenn Sie als Gast auf einer Veranstaltung präsent sind, etwa vor, während oder nach dem Event. Recht beliebt sind hierbei Bilder von der Anreise (etwa im Zug), mit einer Abbildung der Event-Begrüßungsfolie oder beim Netzwerken in den Pausen. Wichtig ist, dass Fotos unmittelbar veröffentlicht werden, so können Sie die Vorteile der Echtzeitkommunikation ideal ausspielen und die Chance auf Kommentare erhöhen.

⇨ Messe- oder Ausstellungsteilnahmen

Senden Sie Ihren Facebook-Fans Grüße von Ihrem Messestand – vielleicht sogar schon beim Aufbauen. Ansonsten senden Sie nette Worte mit einem Bild während der Messe. In diesem Fall sollten Ihre Repräsentationsflächen gut besucht sein und sich viele Menschen auf Ihrem Stand befinden. Meiden Sie auf jeden Fall Fotos, auf denen keine Menschen zu sehen sind. Solche Bilder hinterlassen immer einen „verlassenen", und somit ungünstigen Nachgeschmack.

Vergessen Sie nicht, dass auf einem Foto auch unbedingt Ihre Mitarbeiter zu sehen sein sollten, die man aufgrund des einheitlichen Firmenoutfits gut erkennen kann. So kommunizieren Sie, welche Mitarbeiter am Stand anzutreffen sein werden.

Berichten Sie über Ihre Freude, dass Sie spannende Gespräche führen werden oder transportieren Sie Ihre Anliegen, die

Sie mit der Messeteilnahme verbinden.

Fans lieben es, wenn sich Firmen über Facebook bei Gästen und Besuchern bedanken und herzliche Grüße „nach Hause" senden. Geben Sie einige Worte Preis, wie Sie die Messe erleben und wie Sie mit dem Verlauf zufrieden sind.

Zum Messeausklang könnten Sie nochmals Fotos von den letzten Messestunden zeigen, entweder mit Besuchern, oder etwas später beim Standabbau. Greifen Sie hierbei nochmals Ihre Highlights auf und schüren Sie damit das Interesse, Ihren Stand bei Ihrer nächsten Messe zu besuchen.

Falls Sie an dieser Veranstaltung schon öfter mitgewirkt haben, könnten Sie ein Foto aus Ihrem Archiv veröffentlichen. Das wäre besonders lustig, wenn die Mitwirkung schon längere Zeit zurückliegt und sich die Personen auf dem Foto mehr als deutlich verändert haben. Somit haben Sie einen lustigen Aufhänger und können damit auch indirekt darstellen, dass Sie schon länger in der Branche tätig, und somit ein erfolgreich etabliertes Unternehmen sind.

⇨ *Information über Bildungsreisen*

Unternehmen Sie Bildungsreisen, um sich in geselligem Rahmen über bestimmte Themen zu informieren oder mit Gleichgesinnten spannende Fragestellungen zu diskutieren? Lassen Sie Ihre Fans mit Ihnen ziehen und an Ihrem Wissensdurst teilhaben. Schenken Sie Ihrer Facebook-Community Schnappschüsse, die den Daheimgebliebenen vermitteln, wie Sie Ihre Weiterbildung gestalten.

Interessanterweise kommen bei Bildungsreisen oft Fotos besonders gut an, die Themen aufgreifen, die außerhalb des zu erforschenden Wissensgebietes liegen. Fotos von herrlichem Eis, köstlichem Wein, abkühlenden Seen oder wunderbaren Landschaften ziehen häufig ungeahnt viele Likes, Kommentare und Teilungen mit sich. Probieren Sie es aus!

⇨ *Teilnahme an sportlichen Ereignissen*

Nehmen Sie oder Ihr Team an sportlichen Ereignissen, wie etwa an Marathonläufen, Tischtennis-Turnieren, Sautrog-Rennen, usw. statt? Dann halten Sie spannende oder lustige Momente bildlich fest und teilen Sie diese mit Ihren Fans auf Facebook. Greifen Sie das Motto der Veranstaltung auf und teilen Sie kurz und knapp mit, was Sie motiviert hat teilzunehmen. Bei diesem Thema bedarf es nicht vieler Worte, meistens reicht es, wenn Sie Ihre Eindrücke und Gefühle kommunizieren.

⇨ *... und was noch?*

Für eine gewinnbringende Unternehmenskommunikation eignet sich außerdem noch jedes andere Thema das signalisiert, dass Sie und Ihr Unternehmen erfolgreich sind. Lassen Sie sich von Ihrem Tagesablauf inspirieren!

Vielleicht noch ein Tipp: Jedes Mal, wenn Sie denken, „Das ist aber cool!" oder „Wow, darüber freue ich mich sehr!" könnte dies schon ein erster Anhaltspunkt für eine Meldung sein, die alle Ihre bisherigen Interaktionsrekorde sprengt.

Onlinequellen

⇨ *Durchschnittliche Reichweite von Facebook-Seiten*

http://allfacebook.de/zahlen_fakten/die-durchschnittliche-reichweite-von-facebook-pages-liegt-uber-16

⇨ *Recherche von Markennamen*

Starten Sie mit einer Verfügbarkeitssuche beim Amt der Europäischen Union für geistiges Eigentum

https://euipo.europa.eu/ohimportal/de/search-availability

und führen Sie zusätzlich eine erweiterte Recherche beim Patentamt Ihres Landes durch.

⇨ *Richtlinien zur Seitenbenennung*

Richtlinien für Seitennamen

https://www.facebook.com/help/519912414718764

Richtlinien für Nutzernamen

https://www.facebook.com/help/409473442437047/

⇨ *Feier-, Gedenk- und Aktionstage*

Auf Wikipedia.org finden Sie gleich mehrere Listen über Feier-, Gedenk- und Aktionstage, die Ihnen hilfreich sein könnten:

http://de.wikipedia.org/wiki/Liste_von_Gedenk-
_und_Aktionstagen

https://de.wikipedia.org/wiki/Kategorie:Internationaler_Tag

https://de.wikipedia.org/wiki/Kategorie:Internationaler_Tag_(Ver
einte_Nationen)

https://de.wikipedia.org/wiki/Kategorie:Gedenk-,_Feier-
_oder_Aktionstag_(Vereinigte_Staaten)

https://de.wikipedia.org/wiki/Welttag

⇨ Gewinnspiele, Verlosungen, Wettbewerbe

Nachfolgende Links helfen Ihnen, einen ersten Überblick zur Durchführung von Wettbewerben, Gewinnspielen, Verlosungen, usw. zu erhalten:

Nutzungsbedingungen für Facebook-Seiten
https://www.facebook.com/page_guidelines.php

Richtlinien für Wettbewerbe oder Preisausschreiben
https://www.facebook.com/page_guidelines.php#promotionsgui
delines

Information über (deutsche) gesetzliche Vorgaben - für Facebook und generell
http://allfacebook.de/pages/rechtliches-1x1-promotions

Blog-Artikel „Rechtsweg nicht ausgeschlossen" – Alles, was Sie über die neue Regelung bei Gewinnspielen wissen müssen"
http://rechtsanwalt-schwenke.de/rechtsweg-nicht-
ausgeschlossen-alles-was-sie-ueber-die-neue-regelung-bei-
gewinnspielen-wissen-muessen/

⇨ Beschreibung des Wortes „Akronym"

https://de.wikipedia.org/wiki/Akronym

SCHLUSSBEMERKUNG

Die in diesem Buch wiedergegebenen Gebrauchsnamen, Handelsnamen, Warenbezeichnungen, usw. berechtigen auch ohne besondere Kennzeichnung nicht zu der Annahme, dass diese im Sinne der Warenzeichen- und Markenschutz-Gesetzgebung als frei zu betrachten wären und daher von jedermann benutzt werden dürften. Sämtliche verwendete Handelsmarken oder Markenzeichen sind Eigentum der jeweiligen Rechteinhaber.

Die Autorin hat höchste Sorgfalt bei der Erstellung dieses Buches angewandt. Dennoch übernimmt sie keinerlei Verantwortung oder Haftung für Richtigkeit, Vollständigkeit, eventuelle Fehler oder Versäumnisse. Die Inhalte werden unter Ausschluss jeglicher Gewährleistung zur Verfügung gestellt.